Dreißig Schritte, um absolut
jedes Problem zu lösen

Chuck Spezzano

Dreißig Schritte, um absolut jedes Problem zu lösen

Psychology of Vision

Verlag Via Nova

Übersetzung aus dem Amerikanischen: Jutta Herr

Originaltitel: 30 Ways to Healing Absolutely Any Problem

1. Auflage 1998
**Verlag Via Nova, Neißer Straße 9, 36100 Petersberg
Telefon und Fax: (06 61) 6 29 73**

Satz: Plejaden Publishing Service, 21379 Boltersen
Druck und Verarbeitung: Rindt-Druck, 36037 Fulda
Buchbinderische Arbeiten: Parzeller, 36037 Fulda
Alle Rechte vorbehalten.
ISBN 3-928632-33-7

Dieses Buch ist Peter und Sherry
in Liebe und Freude gewidmet

Inhalt

Danksagung

*W*ieder einmal möchte ich den lebendigen Einfluß von *Ein Kurs in Wundern* auf mein Leben dankbar anerkennen. Im Jahr 1977 betete ich darum, ein Buch zu finden, das mir den Heimweg zeigen und mich ganz auf diesem Weg begleiten würde. Ich hörte von *„Dem Kurs"*, und schon kurze Zeit später fiel er mir in die Hände. Nichts hat mich mehr über die Natur des Geistes, über Transformation und Realität gelehrt als dieses Werk.

Ich möchte Jeremy Roe für seine *5-Why*-Methode (Methode der fünf Warum-Fragen) danken, die sich in leicht erweiterter Form als ein wichtiges Werkzeug der Heilung erweisen sollte, das weitaus mehr vermag, als lediglich Informationen ans Licht zu bringen.

Ich möchte auch Peggy Chang und Jane Corcoran für ihre Hilfe bei der Vorbereitung dieses Buches danken sowie Brian Mayne, Pat Saunders und Rowan Malcolm für ihre Fachkompetenz bei allen verlegerischen Aufgaben.

Schließlich möchte ich meinen Kindern Chris und J'aime sowie meiner Frau Lency für ihre immerwährende Liebe und Unterstützung danken und dafür, daß sie mich so großzügig mit anderen Menschen teilen. Ich könnte ohne Euch nicht leben.

Vorwort

*D*er Titel dieses Buches, *Dreißig Schritte, um absolut jedes Problem zu lösen,* mag vielleicht ein wenig gewagt erscheinen. Doch was wäre, wenn die darin enthaltene Behauptung tatsächlich stimmen würde? Ich habe die Erfahrung gemacht, daß sie durchaus zutreffen kann. Das vorliegende Buch präsentiert und erläutert die wesentlichen Kräfte, die bei der Entstehung von Problemen zusammenwirken, und es beschreibt die wichtigsten Prinzipien, mit deren Hilfe diese problemverursachenden Kräfte geheilt werden können. Richtig angewendet könnte jedes einzelne dieser Prinzipien dein Problem zum Einsturz bringen. Vor allem in Beziehungen haben sich die beschriebenen Heilungsprinzipien als sehr hilfreich erwiesen, da sie deine Beziehung zu dir selbst widerspiegeln und da im Grunde alle Probleme, auch sehr schwere Erkrankungen, auf Beziehungen zurückzuführen sind.

Diese Erkenntnisse beruhen auf meiner 26jährigen Erfahrung, die ich als Therapeut in Einzel- und Gruppensitzungen sowie als weltweit tätiger Seminarleiter gewinnen konnte. Die Schönheit der hier beschriebenen Methoden liegt darin, daß sie *dir deine* Kraft zurückgeben. Für manche Menschen mag zwar die Überzeugung, Opfer zu sein und eigentlich nichts bewirken zu können, etwas Beruhigendes haben, doch die Erfahrungen, die ich immer wieder bei der Lösung scheinbar unlösbarer Probleme machen konnte, widerlegen diese Betrachtungsweise.

Im Laufe der Jahre wurde mir immer deutlicher, daß es anscheinend bestimmte Kräfte gibt, durch deren Zusammenwirken alle nur erdenklichen Probleme entstehen. Wird eine solche Dynamik wahrhaft geheilt, fällt das ganze Problem in sich zusammen. Wenn wir lernen, unsere Probleme einstürzen zu lassen, ganz gleich ob es sich um große oder kleine Probleme handelt, so verbessern wir unser Leben und verleihen uns selbst Kraft und Handlungsfähigkeit. Probleme enden niemals, und wenn wir sie und die jeweils für uns anstehenden Themen lösen, so lernen wir dadurch, immer größeren Herausforderungen ins Auge zu sehen, uns mit ihnen auseinanderzusetzen und sie zu lösen, denn alles andere stellt dann für uns kein Problem mehr dar. Es geht hier um wachsendes Selbstvertrauen, so daß unsere alten Probleme gelöst werden und wir für neue und größere Herausforderungen bereit sind.

Die hier beschriebenen Prinzipien helfen nicht nur Probleme zu lösen, sondern auch ein transformiertes und transformierendes Leben zu führen. Das vorliegende Buch will nun diese Prinzipien Millionen von Menschen besser zugänglich machen, damit sie wenigstens ihre gegenwärtigen Probleme durch die Anwendung dieser Prinzipien lösen können; und es richtet sich an viele tausend andere Menschen, die mit Hilfe der beschriebenen Prinzipien *ihr Leben vollständig transformieren* werden. Wenn du diese Prinzipien anwendest, wird es nicht nur dir und deinen Lieben helfen, sondern sich wohltuend auf die ganze Welt auswirken. Der Welt wird immer ein Segen zuteil, wenn ein Mensch, der bisher in einer Opferhaltung mit Schuldgefühlen und Schuldzuweisungen gefangen war, zu seiner Kraft findet und einen Wandel in Richtung Einfühlsamkeit und Verständnis erfährt.

Vielleicht mag die Behauptung anmaßend erscheinen, daß dreißig Schritte ausreichen, um *jedes* Problem zu lösen, doch es liegt in der Natur des Geistes, daß er dazu nicht einmal dreißig Schritte benötigt. In uns allen gibt es dieses Urvermächtnis von Wahrheit, Wandlung und Wundern, auf das wir zurückgreifen können. Manche Probleme lösen sich ungeachtet ihres Ausmaßes oder Schwierigkeitsgrades auf der Stelle, und dies scheint an *unsere* Bereitwilligkeit geknüpft zu sein, durch die Angst vor Veränderung oder Wandlung hindurchzugehen und auf einer neuen Ebene zu leben. *Die Zeit, die du benötigst, ist die Zeit, die du für machbar hältst und die du brauchst, um die nötige Zuversicht für ein Leben auf der nächsthöheren Erfolgsebene zu entwickeln.* Ich habe erlebt, wie eine Krebserkrankung in nur einer einzigen Sitzung verschwand, während zehn Sitzungen nötig waren, um eine chronische Hefepilzinfektion aufzuklären.

Wenn wir in einer Problemfalle gefangen sind, dann fühlen wir alle uns hilflos und hoffnungslos. Die hier beschriebenen Heilungsprinzipien gehen jedoch davon aus, daß jedes Problem einfach nur eine Illusion ist. Unsere Probleme können uns allerdings sogar das Leben kosten, wenn wir keinen Weg finden, der uns aus ihnen herausführt, und dazu gehört auch, daß wir die Art und Weise verändern, in der wir uns selbst und unsere Probleme wahrnehmen.

Immer wieder habe ich die Wirksamkeit dieser Prinzipien sowohl im beruflichen als auch im privaten Bereich beobachten können. Bei der Heilung eines großen oder chronischen Problems mag es zunächst den Anschein haben, daß die Situation immer schlimmer wird, je tiefer du hineingehst und je mehr du daran arbeitest. Das liegt daran, daß viele Probleme aus mehreren Schichten bestehen. In einem solchen Fall, wenn die Lage schlimmer zu werden scheint, wird sie in Wahrheit bereits besser, ähnlich wie bei einem Abszeß, den man aufschneidet, denn genau das bringt dir Erleichterung und führt dich auf den Weg der Heilung. Ein Problem kann manchmal aus Hunderten von Schichten bestehen. Die positiven Entscheidungen, die wir zugunsten von Liebe, Vergebung, Loslassen, Vertrauen und Segnung treffen, führen uns Schicht um Schicht durch unseren Heilungsprozeß und bringen uns damit auch in unserer persönlichen Entwicklung weiter voran.

Wir alle kennen den Verdruß, der uns ergreift, wenn ein Problem auftritt, und irgendwann ist jeder von uns schon einmal im wahrsten Sinne des Wortes von einem Problem in die Knie gezwungen worden. Doch Probleme können uns motivieren, in die richtige Richtung zu gehen, etwas zu lernen, uns zu verändern, zu wachsen und jung zu bleiben. Denn in Wahrheit bewegen wir uns unser ganzes Leben lang entweder auf ein bedeutsameres Leben oder auf den Tod zu. Keiner der Gedanken, die unsere Empfindungen und Handlungen erzeugen, ist neutral. Gedanken machen entweder das Leben lebenswerter, oder sie tragen uns in Richtung Tod. Mit dem Erwachsenwerden beginnen wir allmählich Verantwortung für unser Verhalten zu übernehmen, und wenn uns dies gelingt, dann erreichen wir einen bestimmten Grad der Reife. Wenn wir in unserem Wachstum weitergehen, dann kommen wir an einen Punkt, an dem wir auch die Verantwortung für unsere Gefühle übernehmen. Dies ermöglicht wahre und erfolgreiche Partnerschaft und bringt unsere männliche und unsere weibliche Seite ins Gleichgewicht. Schließlich übernehmen wir aus der Erkenntnis heraus, daß Gedanken unsere Welt erschaffen, die Verantwortung für unsere Gedanken und für unsere daraus resultierenden Erfahrungen. Dies führt zur Meisterschaft. Auf jeder Ebene werden wir offener, empfänglicher und aufgeschlossener, liebevoller und stärker. Je mehr Verantwortung wir für unser Leben übernehmen und dafür, es entsprechend zu verändern, desto mehr sind wir in der Lage, anderen zu helfen.

Da jedes Problem ein Zeichen dafür ist, daß wir aufgerufen sind, unser Leben zu verändern, so folgt daraus auch, daß uns eine um so größere Veränderung oder Geburt ruft, je größer das Problem ist. Es ist gar nicht nötig, daß wir wissen, *wie* wir unser Leben ändern sollen, denn wenn wir bereit dazu sind, dann wird uns auch ein Weg gezeigt werden. Wir brauchen nicht einmal zu wissen, wie die Veränderung aussehen soll, denn auch dies wird uns zum rechten Zeitpunkt eingegeben werden. Was hingegen von unserer Seite aus *erforderlich ist*, das ist die *Entscheidung dafür*, daß die Veränderung geschehen möge.

Dieses Buch ist als ständiger Begleiter gedacht, immer zur Hand, wenn man ihn braucht, denn es liegt in der Natur von

Problemen, daß sie niemals enden. Ich hoffe, daß die hier beschriebenen Heilungsprinzipien fast wie von selbst zu einem festen Bestandteil deines Lebens werden, damit du Probleme nicht länger als ein Zeichen von Leid und Tod betrachten mußt, sondern sie vielmehr als Chance und Motivation zu Neugeburt und Frieden ansehen kannst.

1. Schritt

Angstgefühle heilen

*A*n jedem Problem sind Angstgefühle als eine ganz wesentliche Dynamik mitbeteiligt. Angst ist immer auch eine Verlustangst, und wenn wir ein Problem haben, so bedeutet dies, daß wir befürchten, durch den Schritt auf eine neue Ebene des Erfolgs etwas ganz Entscheidendes zu verlieren. Wir erkennen nicht, daß diese neue Ebene auch eine neue Ebene der Zuversicht, der Chancen und der Begabung bereithält. Wenn wir die Angst beseitigen wollen, so müssen wir jene Gedanken abstellen, die zur Angst und damit auch zur Angst vor dem nächsten Schritt führen, denn diese Gedanken führen wiederum zur Angst vor menschlicher Nähe und Verbundenheit. Ihre Auflösung bringt uns voran.

Der Ursprung der Angst liegt nicht etwa außerhalb von uns. Angstgefühle beruhen auf Werturteilen und Angriffsgedanken, die wir auf unsere Umwelt ausrichten. Wie wir denken und handeln, so sehen wir auch das auf uns gerichtete Denken und Handeln der Welt. Wir projizieren unser Tun nach draußen und erfahren uns selbst dann als verletzlich und fühlen uns angegriffen. An diesem Punkt haben wir in der Regel die Tatsache völlig aus dem Blick verloren, daß der Ursprung der betreffenden Situation oder der jeweiligen Gefühle in unserem eigenen Denken liegt.

Unsere Gedanken haben im wahrsten Sinne des Wortes die Welt erschaffen, die wir sehen. Unsere Gedanken streben entweder in Richtung Leben und Glücklichsein, oder sie bewegen sich auf Leid und Tod zu. Die äußere Welt, in der wir leben, und der Film, den wir auf sie projizieren, ist ein Spiegel unseres Denkens. Dieses Prinzip erlaubt es mir seit vielen Jahren, meinen Klienten und Seminarteilnehmern bei der Verwandlung

17

ihrer inneren Konflikte zu helfen, wodurch dann auch die äußere Situation schnell und leicht gelöst wird. Ein Weg, um Situationen zu verwandeln, besteht darin, daß wir die damit zusammenhängenden Angstgedanken verändern. Dies erfordert zunächst einmal, daß wir uns der Gedanken bewußt werden, die mit unserer Situation zusammenhängen und sie erzeugt haben, denn viele von uns erkennen gar nicht, in welchem Umfang ihr Leben von Angstgedanken bestimmt wird oder wie stark sie durch derartige Gedanken angegriffen werden.

Übung

Zuversicht, Vertrauen, Glaube, Vergebung und Loslassen, all dies sind unterschiedliche Möglichkeiten zur Heilung von Angst.

Denke im Laufe des heutigen Tages mindestens fünfmal über das Problem nach, das du lösen möchtest, und nimm dir dafür jeweils zwei Minuten Zeit. Formuliere deine Gedanken so präzise wie möglich:

„In der Situation, die .... betrifft, habe ich Angst davor, mache mir Gedanken oder Sorgen, daß .... geschieht." Oder:

„Ich möchte nicht, daß .... geschieht."

Bei jedem Gedanken, der auftaucht, sage dir:

„Dieser Gedanke ist ein direkter Angriff auf mich selbst, auf meine Zuversicht, auf meine Sicherheit und meinen Erfolg." Oder:

„Dieser Gedanke verursacht mein Problem." Oder sage dir:

„Dieser Gedanke hält mich vom Voranschreiten ab."

Wenn du diese Übung fünf- bis sechsmal, jeweils zwei Minuten lang, durchgeführt hast, wirst du feststellen, daß du an ganz entscheidende Angst- und Angriffsgedanken herankommst. Beende jeden zweiminütigen Übungsabschnitt mit folgenden Worten:

„Ich will mich nicht länger auf diese Art und Weise angreifen."

„Was ich wirklich möchte, ist ...."

2. Schritt

Konkurrenzdenken heilen

*E*ine Dynamik, die sich bei allen Problemen wiederfindet, ist der Versuch, einen anderen Menschen verlieren zu lassen oder ihn, wie es *Ein Kurs in Wundern* ausdrückt, zum Opfer zu machen, um die Erfüllung der eigenen Bedürfnisse zu erreichen. Der Kurs besagt weiterhin, daß die Überzeugung, ein anderer müsse verlieren, damit wir gewinnen können, seit jeher unsere Glaubenssysteme und unsere Lebensweise konditioniert hat. Zuweilen sind wir bereit, uns aufzuopfern oder zu verlieren, damit dann, wenn wir es für wichtig halten, ein anderer Mensch als Verlierer an die Reihe kommt und die Rechnung am Ende wieder stimmt. Wann immer wir uns auf diese Art und Weise um jemanden kümmern oder ihm gegenüber „verlieren", sind wir auch der Meinung, der andere „schulde" uns etwas. Ein solches Denken führt zum Konkurrenzkampf, und genau davon blüht und gedeiht das Ego, das Prinzip der Trennung.

Konkurrenzdenken ist eine Dynamik, die dazu führt, daß wir unserer Lebensaufgabe und Vision ausweichen und sie aus dem Blick verlieren. Das Gewinnen auf Kosten anderer wird zum höchsten Ziel. Darin mag vielleicht eine gewisse scheinbare Befriedigung liegen, doch es wird uns nicht unbedingt voranbringen. Eine solche Haltung schließt jede Möglichkeit der Kooperation und der Partnerschaft aus. *Ein Kurs in Wundern* beschreibt das Ego als den Teil des Geistes, der stets versucht, in bestimmten Bercichen mehr zu bekommen als andere. Dabei kann es sich auch um Krankheit, Leid und Unglück handeln.

Wettbewerbsdenken entsteht aus der Angst vor dem nächsten Schritt, denn der nächste Schritt würde uns an einen Ort bringen, wo jedermann gewinnt, an einen Ort, wo die Bedürfnisse aller Menschen erfüllt werden. Ein „Gewinner-Verlierer"-Muster läßt uns nicht auf die nächsthöhere Stufe gelangen, sondern verlangt zum Ausgleich nach einem „Verlierer-Gewinner"-Muster. Gleichermaßen vereitelt Konkurrenzdenken auch jegliche Intimität und Verbundenheit zugunsten einer Haltung, die dem anderen immer um eine Nasenlänge voraus sein will.

Wenn wir das auf Mangel beruhende und somit von der Angst erzeugte Konkurrenzdenken aufgeben, dann können die ethisch höher stehenden und wesentlich mehr Erfolg bringenden Prinzipien der Kooperation und Zusammenarbeit wirksam werden. Dadurch wird es uns auch möglich, bestehende zwischenmenschliche Bindungen neu zu knüpfen beziehungsweise zu erkennen. Verbindung bringt immer Heilung, sie schafft Leichtigkeit und Freiheit. Erst an diesem Punkt können wir jene familiären Kräfte und Muster überwinden, die andernfalls unser Leben aus dem Unterbewußtsein heraus steuern würden und uns entweder in Verschmelzung und Aufopferung gefangenhalten oder von anderen in falsch verstandener Unabhängigkeit trennen würden.

Konkurrenzdenken ist der wichtigste Schlüsselfaktor zu jedem Machtkampf und zu allen Gefühlen der Erstarrung und Leblosigkeit in unseren Beziehungen und unserem Leben. Eine solche Leere ist in der Regel ein Zeichen dafür, daß wir uns zurückgezogen haben, um zu vermeiden, daß wir in einem Wettkampf zum Verlierer werden. Selbst unser ausgleichendes hartes Arbeiten in dieser Phase der Erstarrung hat häufig damit zu tun, auf irgendeinem Gebiet unschlagbar sein zu wollen. Aber alles Konkurrenzdenken bedeutet stets eine Verzögerung, eine Suche am falschen Ort und eine Ablenkung vom nächsten Schritt.

Übung

Richte deine Aufmerksamkeit auf das Problem und vertraue dabei auf deine Intuition, dann stelle folgende Überlegungen an:

„Der Mensch, den ich mit Hilfe dieses Problems zum Verlierer machen möchte, heißt ...."

„Der Grund dafür, daß ich diesen Menschen zum Verlierer machen möchte, lautet ...."

Wenn du die Möglichkeit hast, mit dem Betreffenden zu sprechen, so nimm den Dialog mit ihm auf und bleibe so lange mit ihm im Gespräch, bis ihr einen gleichberechtigten Zustand gegenseitigen Einvernehmens erreicht habt, bis ihr an einen Ort kommt, an dem ihr beide gleichermaßen gewinnen könnt. Dies ist der einzige Weg, um Erfolg in der Gegenwart und in der Zukunft möglich zu machen. Wenn ein Gespräch mit diesem Menschen nicht möglich ist, weil er vielleicht zu weit weg wohnt, bereits verstorben oder aus irgendeinem anderen Grund nicht erreichbar ist, du aber den Konkurrenzkampf aufgeben möchtest, um das Problem aus der Welt zu schaffen, dann stelle dir vor, wie du eine Brücke von deinem Herzen zu seinem Herzen, von deinem Geist zu seinem Geist baust.

3. Schritt

Lebensaufgabe

*N*ach zehnjähriger Therapeutentätigkeit bin ich allmählich auf einen Sachverhalt aufmerksam geworden, der mir bis dahin entgangen war, nämlich daß es sich bei den Problemen, mit denen sich meine Klienten abzugeben schienen, größtenteils um Ablenkungs-, Verzögerungs- und Täuschungsmanöver handelte. Ich wollte herausfinden, was sich hinter diesen Problemen verbarg, und schon bald wurde mir klar, daß die Probleme der meisten Menschen dazu dienten, die eigene Lebensaufgabe zu umgehen. Diese Vermeidungshaltung ließ ihr Leben eher oberflächlich und richtungslos werden. Nach und nach erkannte ich, daß es sich bei etwa fünfundachtzig Prozent all unserer Probleme um eine Verschwörung gegen uns selbst handelt, um eine Verschwörung gegen unsere Lebensaufgabe und unsere Größe. Wenn ein Klient ein Gespür für die eigene Lebensaufgabe bekam, schienen die meisten seiner Probleme ganz von selbst zu verschwinden. Was dann noch davon übrig blieb, war notwendig, um etwas ganz Bestimmtes für die eigene Lebensaufgabe zu heilen und zu lernen.

Bei unserer Lebensaufgabe handelt es sich um jene Aufgabe, für die wir uns als einziger Mensch auf dieser Welt am besten eignen. Unsere Lebensaufgabe ist eine einzigartige Mischung dessen, wer wir sind, eine Mischung unseres Seins und unserer Inspirationen, und wenn wir ihrem Ruf nicht folgen, dann verhallt er laut *Ein Kurs in Wundern* ungehört. Die Liebe und unsere Lebensaufgabe geben unserem Leben einen Sinn, und unsere Lebensaufgabe ist ein Akt der Liebe, den wir der Welt darbringen. Zu lieben und glücklich zu sein, das ist die uns allen gemeinsame Lebensaufgabe. Und wenn wir uns nicht in einem Zustand der Liebe und des Glücklichseins befinden, so haben wir alle die Aufgabe, uns selbst zu heilen, um diesen Zustand der Freude wiederzuerlangen. Wir alle sind aufgerufen, unseren Beitrag zur Rettung der Welt zu leisten. Für die meisten von uns bedeutet dies, unsere momentane Situation zu heilen und zu verwandeln, was sich automatisch positiv auf die ganze Welt auswirkt und immer weiter ausbreitet, ähnlich wie Wellenringe, wenn man einen Stein ins Wasser wirft.

Unsere Lebensaufgabe ist das, was uns Erfüllung bringt. Sie ist unsere Berufung, die einerseits große Anziehungskraft auf uns ausübt, vor der wir gleichzeitig aber auch Angst haben, falls wir uns überhaupt die Erinnerung an sie erlauben. Sie ist unsere ganz besondere und persönliche Funktion, so einzigartig, daß ihr Ruf ungehört verhallt, wenn er nicht von uns beantwortet wird. Unsere Lebensaufgabe kann mit der Zeit wachsen und sich verändern, was in der Regel bedeutet, daß wir im Laufe unseres Lebens eine ganze Reihe von Lebensaufgaben haben. Wenn du deine Lebensaufgabe kennst, gibt dies deinem Leben eine klare Richtung vor. Deine Lebensaufgabe läßt dich auf das Leben zugehen statt auf den Tod. Deine Lebensaufgabe ist das, was du tun kannst, um dein Leben glücklicher und erfüllter zu machen. Sie ist das, was du tun kannst, um dir und anderen zu helfen. Dein Ego wird dir wahrscheinlich erzählen, daß du eine ganz große Lebensaufgabe hast und überhaupt nicht in der Lage bist, sie zu erfüllen. Es versucht dich zu ängstigen. Oh ja! Möglicherweise hast du tatsächlich eine große Lebensaufgabe, aber nicht *du* wirst sie ausführen, sondern die *durch dich hindurch* wirkende Gnade wird sie vollbringen. Dein Beitrag besteht darin, einfach da zu sein, bereit zu sein und Inspirationen durch dich hindurch geschehen zu lassen.

Übung

Heute bist du aufgefordert, auf das zu schauen, was du wirklich von Herzen gerne tun würdest, wovor du aber vielleicht immer noch ein wenig Angst hast.

Was ist es, das du auf seelischer Ebene versprochen hast?
Was würdest du von Herzen gerne tun?
Wozu fühlst du dich berufen?
Was bist du wahrhaft inspiriert zu geben?

Du bist an einer Wegkreuzung angelangt und hast die Möglichkeit, eine neue Richtung einzuschlagen, anstatt den altbekannten Weg weiterzugehen, der dich so oder so wieder an dieselbe Kreuzung bringen wird. Entscheide dich für deine Lebensaufgabe. Schlage einen neuen Weg ein. In der Regel bedeutet dies allerdings, daß dir eine Zeit des Umbruchs bevorsteht, während in deinem Leben eine Umgestaltung in Richtung größerer Wahrhaftigkeit stattfindet, damit du deine Lebensaufgabe leben kannst. Lasse dich in dieser Zeit nicht von deinem Glauben abbringen, bis du eine neue, glücklichere Ebene erreicht hast und deine Bestimmung mit mehr Wahrhaftigkeit leben kannst.

4. Schritt

Schuldgefühle heilen

Schuldgefühle gehören zu denjenigen Fehlern des Egos mit der allergrößten Zerstörungskraft. Durch Selbstangriffe und Rückzug führen Schuldgefühle zu einer festen Verankerung des Egos. *Ein Kurs in Wundern* besagt, daß es sich um eine Form von Arroganz handelt, die eher an Selbstbestrafung als an eine Berichtigung von Fehlern glaubt. Ein schuldbeladenes Ego hat die Absicht, uns durch Angst vor dem nächsten Schritt und durch Angst vor Intimität oder Partnerschaft vom Voranschreiten abzuhalten. Es fühlt sich schlecht in bezug auf die Vergangenheit und bestraft sich selbst, um an ihr festzuhalten, was den vergeblichen Versuch darstellt, bisher unbefriedigte Bedürfnisse in der Gegenwart erfüllt zu bekommen. Das kann natürlich nicht funktionieren. Verborgene Bedürfnisse dieser Art können in der Gegenwart nur durch Vergebung, durch Geben und Empfangen erfüllt werden. Genau diese Heilung bringenden Impulse sind es, die dazu aufrufen, das Rückzugsverhalten zu beenden und zu jenen Kontakten und zwischenmenschlichen Verbindungen zurückzukehren, die zum Erfolg führen.

Symptome der Schuld sind harte Arbeit ohne Lohn, Aufopferung und das Spielen bestimmter Rollen (allesamt Erscheinungsformen eines Handelns, bei dem wir uns selbst nicht wirklich einbringen). Schuldgefühle zeigen sich auch in Form von Selbstangriffen, Versagen, Krankheit, Fehlschlägen, Schwierigkeiten, Wertlosigkeitsgefühlen, Ausgleich- oder Ersatzhandlungen und Verurteilung sowie in Angriffen anderer auf uns beziehungsweise in unseren Angriffen auf andere. *Ein Kurs in Wundern* besagt, daß wir uns niemals allein kreuzigen, daß wir mit unseren Schuldgefühlen unweigerlich auch die

Menschen kreuzigen, die wir lieben, und daß wir diese Lehre durch unser Verhalten an die Welt weitergeben. Wo sich die Schuld erst einmal festgesetzt hat, dort „läßt sie nicht mehr locker" und weigert sich, ihre Lektion zu lernen.

Schuldgefühle sind ein Versuch, mit Hilfe unserer Selbstbestrafung von anderen anerkannt zu werden und unsere eigenen Bedürfnisse von ihnen erfüllen zu lassen, doch sie trennt uns nur von unseren Mitmenschen. Die meisten Schuldgefühle, die uns beherrschen und dazu führen, daß wir ein Leben der Ausgleichs- oder Ersatzhandlungen und der Aufopferung führen, sind in der Kindheit entstanden. Diese Schuldgefühle können sich auch als Ärger, als Abspaltung und Aufopferung, als „Verschmelzung" im Sinne eines Verlustes der naturgegebenen Persönlichkeitsgrenzen zeigen wie auch in Mustern, die zur eigenen Niederlage führen. Schuld ist Zeitverschwendung in reinster Form.

Bei jedem Problem spielt die Schuld als Dynamik eine ganz wesentliche Rolle. Es ist wichtig, daß wir alles dafür tun, um uns und andere von Schuld zu befreien. Die meisten Menschen setzen Schuldgefühle ein, um sich und andere zu kontrollieren, mit dem Ziel, die Wiederholung eines Fehlers zu vermeiden. Tatsächlich aber verstärkt Schuld den jeweiligen Fehler. Somit läßt Schuld dich entweder im Muster eines Fehlers weitermachen, was noch mehr Schuldgefühle verursacht, oder sie führt dazu, daß du dich aus Angst vor Wiederholung noch stärker aus einer Situation zurückziehst. Unser Problem stellt dann eine Form der Selbstbestrafung dar, die uns nebenbei noch damit „belohnt", daß wir uns unserem nächsten Schritt, der Intimität und unserer Lebensaufgabe nicht zu stellen brauchen.

Übung

Um das Ego und seinen Widerstand zu überlisten, ist es wichtig, daß du bei allen Übungen auf deine Intuition vertraust. Stelle folgende Überlegungen an, bis du die Antwort erhältst, von der du weißt, daß es die richtige ist.

„Ich bestrafe mich selbst mit diesem Problem, weil ich bei .... versagt habe."

„Da ich nicht bereit bin, mich und meine Mitmenschen noch länger zu bestrafen, vergebe ich mir."

„Ich entscheide mich dafür, jede damit zusammenhängende Lektion mit Leichtigkeit zu lernen."

„Ich bitte mein Höheres Bewußtsein darum, sowohl meine vergangenen Fehler als auch dieses momentane Problem zu berichtigen."

„Ich entscheide mich heute dafür, frei zu sein und mich selbst als schuldlos anzuerkennen."

Verweile in Gedanken bei deiner Bereitschaft, die Vergangenheit loszulassen und von deinem Höheren Bewußtsein berichtigen zu lassen. Verwende die obige Affirmation, um dir mindestens dreimal am Tag – am Morgen, am Nachmittag und am Abend – zu sagen, daß du frei bist, oder wiederhole diesen Satz einfach so oft, bis du dich wieder gut fühlst.

5. Schritt

Vision

*W*enn du nicht gerade ein Leben lebst, das ein Abenteuer voller Freude, Liebe und Kreativität ist, dann wird dein Leben von der Vergangenheit und ihren Bedürfnissen diktiert. Vision ist ein Zustand, in dem die positive Zukunft den gegenwärtigen Augenblick bestimmt. Vision zeigt den Weg zum Erfolg und bringt Erfolgsenergie in die Gegenwart hinein. Vision verwandelt unsere Wahrnehmung. In der Regel wird unsere Wahrnehmung von der Vergangenheit beeinflußt, die danach verlangt, daß sich jemand aufopfert. Aufopferung bedeutet, daß wir handeln, ohne uns selbst wahrhaft zu geben. Wenn wir uns voll und ganz einbringen, dann hält jede Situation automatisch eine große Chance für uns bereit. Vision geht somit über die Wahrnehmung hinaus und bringt jene höhere Bewußtheitsenergie, die alles mit Leichtigkeit und Kreativität geschehen läßt.

Vision ist ein Akt des Gebens und damit im wesentlichen ein Akt der Liebe. Sie ermöglicht dir, den Weg zu erkennen, der durch scheinbar unmögliche Situationen hindurchführt, und sie beseitigt die meisten darin enthaltenen Schwierigkeiten. Die Mehrzahl unserer Fallen, die aus Angst und Schuld entstanden sind, stellen einen Versuch dar, der Vision einen Riegel vorzuschieben. Vision wird nicht nur für dich, sondern auch für deine Mitmenschen zum Gewinn. Vision ermöglicht eine wahrhaftigere und erfolgreichere Lebensweise, indem sie die vorwärtsgerichtete, transformierende Energie der Zukunft in die gegenwärtige Situation hineinbringt. Vision macht das Leben lebenswert und läßt Neues entstehen. Wenn wir eine Vision empfangen, mag es zwar so aussehen, als sei dies ein einzelnes Ereignis, doch hat sie Auswirkungen sozialer, persönlicher und allgemeiner Art. Vision ist ein tiefgreifendes

Sich-Verbinden von Herz und Verstand. Als solches ist sie transformierend, kreativ und gerichtet. Wenn du dich voll und ganz auf diese Energie einstimmst, indem du alles gibst und dich mit ganzem Herzen darauf einläßt, öffnest du dich für eine größere Bewußtheit, die es dir vor allem möglich macht, erfolgreiche Wege in die Zukunft zu erkennen. Die Liebe, Energie und Kunst der Vision schlägt die Brücke in die Zukunft.

Vision nimmt sich Situationen an, die nach Tod oder Mißerfolg aussehen, und zeigt klar und deutlich, daß es sich dabei um die Chance einer Neugeburt handelt. Doch im Grunde handelt es sich bei Vision um das Empfangen von kreativer Kraft. Dadurch daß du dich voll und ganz einbringst und für die Vision öffnest, empfängst du sie und kannst sie mit anderen teilen.

Auch wenn *du* es anders sehen magst, so basiert doch jedes deiner Probleme darauf, daß du etwas *zu bekommen versuchst*. Derartige Verhaltensmuster sind ausschlaggebend dafür, wie du deine Situation wahrnimmst, und sie schließen dich in aggressiven oder abwehrenden Reaktionen ein, die dich selbst zum Verlierer machen. Außerdem machen sie dich blind für größere Chancen, die ebenso wie der hindurchführende Weg durch mehr Geben und Empfangen geschaffen würden.

Übung

Um dich deiner Vision anzunähern, mußt du aufdecken, was dich wirklich begeistert.

Was würdest du von Herzen gerne tun?

Wobei hättest du das Gefühl, mit ganzem Herzen bei der Sache zu sein?

Was möchtest du zurücklassen, wenn du nicht mehr auf dieser Erde weilst?

Was möchtest du der Welt als Erbe hinterlassen?

Was würde dich faszinieren und begeistern?

Welches Abenteuer würde dich so sehr reizen, daß du dich voll und ganz einbringen und alles wagen würdest?

Du kannst dich deiner Vision entweder im Gespräch mit einem dir nahestehenden Menschen annähern oder indem du so lange bei diesen Fragen verweilst, bis die Antwort ganz allmählich auftaucht oder dir urplötzlich und intuitiv in den Sinn kommt. Wenn du deine Vision gefunden hast, wirst du sie eindeutig daran erkennen, wie du dich fühlst *und wie tief dein Herz von ihr berührt und geöffnet wird.*

Vision entsteht dadurch, daß wir unsere Achtsamkeit so stark auf unsere Außenwelt konzentrieren, daß wir nicht länger gehemmt, mit uns selbst beschäftigt oder zurückhaltend sind. Durch die Konzentration auf das, was außerhalb unserer selbst liegt, öffnen wir uns für ein höheres Maß an Bewußtheit und Verbundenheit, wodurch das Empfangen der kreativen visionären Kraft möglich wird und Chancen für uns erkennbar werden, die bis dahin unserem Blick verborgen waren.

6. Schritt

Vergebung

*I*ch verdanke die in diesem Kapitel beschriebenen Prinzipien *Ein Kurs in Wundern* und habe mich in unzähligen Situationen von ihrer heilenden Wirkung überzeugen können.

Alle von uns erfahrenen Probleme sind das Resultat eines auf einen anderen Menschen gerichteten Angriffs, Grolls oder Werturteils. Wie groß oder klein das Problem auch sein mag, dieses Verurteilen und Angreifen hält uns in der Situation, die wir verurteilt haben, gefangen. Wie es häufig bei Angriffsgedanken der Fall ist, haben wir einen solchen Gedanken oft nur den Bruchteil einer Sekunde lang, um ihn dann sofort zu begraben. Dennoch sind diese Angriffsgedanken auch ein Angriff auf uns selbst und sperren uns in der Situation ein, die wir verurteilt haben. Unsere Werturteile entspringen unseren eigenen Schuldgefühlen, die in der Regel noch tiefer verborgen sind. Schuldlosigkeit hingegen kennt weder Schuldzuweisungen noch Angriff. Für sie gibt es nur die Liebe und den Ruf nach Liebe.

Vergebung löst die verborgenen Schuldgefühle auf und befreit uns aus unserem Rückzugsverhalten, das uns bisher vom Vorankommen und vom Erfolg abgehalten hat. Vergebung macht es dir möglich, aus tiefstem Herzen einem anderen Menschen etwas zu geben. Dies befreit dich von den Urteilen, die du über dich selbst gefällt und dann auf andere projiziert hast, und auch deine Wahrnehmung verändert sich dadurch. Vergebung befreit alle Beteiligten, und mit der Veränderung deiner Betrachtungsweise verändert sich auch der andere Mensch und die jeweilige Situation. Vergebung verwandelt tatsächlich die Situation, die für dich Schmerz und Aufopferung bedeutet hat, und sie erlöst dich aus ihr. Vergebung läßt dich erkennen, daß alles nur ein Mißverständnis war, und sie macht es dir möglich, das Verhalten des anderen als einen Hilferuf zu deuten und entsprechend darauf zu reagieren.

Es gibt keine Situation, die nicht durch Vergebung gelöst werden könnte.

Übung

Würdest du einen kleinen Jungen, der dir tränenüberströmt auf dem Bürgersteig entgegenkommt, von dir weisen oder gar auf die Fahrbahn stoßen? Stelle dir vor, der Mensch, dem du grollst, stünde direkt vor dir. Wenn du dieses Mal versuchst, dir eine Meinung über ihn zu bilden, dann beschränke dich nicht einfach nur auf sein Handeln, sondern schaue auch in sein Herz. Sieh dir das verwundete Kind in seinem Inneren an, vielleicht gibt es da sogar mehrere verwundete Kinder. Würdest du sie von dir stoßen? Würdest du ihnen deine Hilfe verweigern?

Du könntest dich niemals in dieser Situation befinden, wenn sich nicht auch in dir zumindest ein solches Kind verbergen würde. Wie alt ist das verwundete Kind in dir? Bist du bereit, dem anderen Menschen und dir selbst zu helfen? Falls du dazu bereit bist, dann lasse das verwundete Kind in dir auf das verwundete Kind im anderen zugehen. Indem du die beiden in deine Arme nimmst und ihnen deine Liebe schenkst, kann alles heilen, und sie können allmählich erwachsen werden, bis sie dein tatsächliches Alter erreichen. Dann werden sie mit dir verschmelzen und dir neues Leben, neue Liebe, neuen Erfolg, neue Leichtigkeit und neue Energie bringen.

7. Schritt

Wahrheit

*B*ei jedem Problem spielt auch die Selbsttäuschung eine Rolle. Dein Problem beruht auf etwas, das du vor dir selbst verbirgst, auch wenn es vielleicht für alle anderen völlig offensichtlich ist. Wahrheit schafft klare Sicht und bereinigt die Selbsttäuschung.

Wahrheit, Freiheit, Engagement und Leichtigkeit, all diese Prinzipien haben dieselbe Dynamik. Es handelt sich um unterschiedliche Aspekte ein und derselben Energie. Was wahr ist, verwandelt Schwierigkeiten, in genau derselben Art und Weise wie Probleme verschwinden, wenn wir uns in verbindlichem Engagement gänzlich einbringen und Verbindung, Partnerschaft und Chancen entstehen. Schwierigkeiten und Probleme wollen etwas Positives oder Negatives in bezug auf uns selbst beweisen, je nachdem, auf welche Art und Weise wir versuchen, Aufmerksamkeit zu erregen. Wo Wahrheit ist, dort gibt es auch Leichtigkeit und Freiheit und das Gefühl, Unterstützung zu erhalten. Wahrheit klärt das jeweilige Problem und löst das dahinter befindliche Bedürfnis auf. Wahrheit zeigt auf, daß es sich bei der Angst, die dem Problem zugrunde liegt, nur um eine Illusion handelt. Gleichermaßen entlarvt sie die Unwahrheit der Schuld und enttarnt sie als einen Trick des Egos, der uns aufhalten, zum Versager machen und von anderen Menschen trennen soll, denn das Ego hat etwas dagegen, daß wir unsere Lektion lernen, vorankommen und Erfolg haben. Die Wahrheit zeigt den Weg nach vorn, der uns bis dahin verborgen war. Sie überbrückt den Graben zwischen uns und unseren Mitmenschen und macht es möglich, daß jedem Menschen eine gebührend respektvolle Behandlung zuteil wird und er das empfängt, was er verdient hat. Sie schafft Freiheit, indem sie die Aufopferung aufhebt und die Zuversicht wiederherstellt.

Wahrheit kann dir angst machen, wenn du daran glaubst, daß sie einen Verlust mit sich bringt. Du kannst wie Nietzsche daran glauben, daß die Wahrheit so erdrückend ist, daß bestenfalls die Kunst sie ertragen kann. Dennoch ist es gerade die Wahrheit, die das Leben erträglich macht. Sie lädt uns ein, aus der Hölle herauszukommen, indem sie einen segensreichen Wandel in die Situation hineinbringt, in der wir feststecken. Die Wahrheit bringt Bewußtheit und beseitigt die Verleugnung, die normalerweise dafür sorgt, daß Probleme unverändert bestehen bleiben; sie läßt alles wieder ins rechte Verhältnis zueinander rücken, so daß Klarheit entstehen und der durch das Problem hindurchführende Weg sich zeigen kann. Probleme sind immer ein Mittel, die Wahrheit zu verbergen.

Übung

Heute ist der richtige Tag, die Wahrheit zu lieben, die Wahrheit herbeizuwünschen und zu erkennen, daß die Wahrheit dich befreien wird. Frage dich heute:
„Was ist es, das ich nicht zu wissen vorgebe?"

Die Wahrheit wird diesen Sachverhalt ganz leicht klären.
  Wenn du um die Wahrheit gebeten hast und dein Lebensweg jetzt durch deine aufrichtige Bereitschaft zur Veränderung in einem Wandel begriffen ist, dann denke unbedingt daran, daß der Umbruch, der jetzt möglicherweise in deinem Leben stattfindet, den Anfang eines Geburtsvorganges darstellt und daß genau dieser Bruch erforderlich ist, um die Wahrheit ans Licht treten zu lassen. In dieser Zeit ist es ganz wichtig, daß du dir deine Zuversicht bewahrst. Passe dich weder dem Problem noch dem Umbruch an, und gib dich auch nicht damit zufrieden, sondern bewahre deinen Glauben und gehe weiter durch diesen Prozeß hindurch. Wenn du zur Wahrheit beziehungsweise einer neuen Ebene der Wahrheit gelangst, wirst du um vieles glücklicher sein.
  Heute ist der richtige Tag, darum zu bitten, daß die Wahrheit mit Leichtigkeit in jede für dich problematische Situation Eingang finden möge, und darum zu bitten, daß die Wahrheit dir den Weg zu Freiheit und rechter Beziehung zeigen möge. Wenn du das Geschenk der Wahrheit, das dir unentwegt dargeboten wird, mit offenen Armen annimmst, dann kannst du andere daran teilhaben lassen, um so zu ihrer Befreiung beizutragen. Wähle die Wahrheit für dich selbst und für alle von deinem Problem Betroffenen.

8. Schritt

Integration

*E*in Großteil meiner theoretischen Kenntnisse über Integration stammt aus *Ein Kurs in Wundern*. In der Praxis habe ich diese Methode allerdings schon vorher viele Jahre lang mit großem Erfolg angewendet und zwar auf der Basis dessen, was ich von der Gestalttherapie gelernt habe.

Alle Konflikte beruhen darauf, daß unser Geist „zweigeteilt" ist beziehungsweise einzelne Teile unseres Geistes unterschiedliche Dinge wollen und glauben, daß *einzig und allein ihr Ziel* uns glücklich machen wird. Würde ein Teil deines Geistes einen Schritt vorwärts gehen und erfolgreich sein, dann hätte der andere Teil – oder die anderen Teile – deines Geistes das Gefühl, verloren zu haben. Der äußere Konflikt, den dein Problem darstellt, ist eigentlich ein Spiegel deines inneren Konfliktes. Probleme spiegeln einen Mangel an Integration wider und zeigen auf, daß du einander widersprechende Ziele verfolgst, die in der betreffenden Situation unmöglich gleichzeitig erreichbar sind. Unser Bedürfnis nach Integration ist so stark, daß wir in der Regel auch dann, wenn sie nicht vorhanden ist, so tun, als sei unser Geist geeint, und denjenigen Teil verleugnen, der etwas anderes will. Genau dieser verleugnete Teil tritt dann anschließend als Problem in Erscheinung.

Integration ist ein grundlegendes Heilungsprinzip, das sich in allen Formen der Heilung wiederfindet. Es geht darum, die unterschiedlichen Ziele, die von den einzelnen Teilen deines Geistes verfolgt werden, zusammenzubringen und zu einem einheitlichen Ziel zu verbinden.

Wenn ein negativer Teil, eine Schattenseite deines Geistes integriert wird, dann schmilzt die Negativität hinweg, und die Energie wird darauf verwendet, das Beste beider Teile zu einem einheitlichen Ganzen zusammenzufassen. Das Negative wird in dieser Hinsicht zum Impfstoff gegen weitere Negativität. Ein selbstzerstörerischer Teil des Geistes wirkt beispielsweise als Mittel gegen weitere Selbstzerstörung. Mit wachsender innerer Integration entstehen rings um uns herum natürliche Zuversicht, Kommunikation und Zusammenarbeit. In uns gibt es viele tausend Persönlichkeiten und Teilpersönlichkeiten. *Jeder Gedanke* stellt eigentlich eine Persönlichkeit dar, die unsere Aufmerksamkeit zu erringen sucht und uns ein Ziel außerhalb unserer selbst setzt, das uns, wie sie versichert, *dieses Mal ganz sicher glücklich machen wird*. Doch erst durch Integration werden wir in steigendem Maße fähig, zu empfangen und glücklich zu sein.

Übung

Wenn wir uns in einer Zwangslage wie dieser befinden, ist es von ganz entscheidender Bedeutung, daß wir uns nicht für einen der unterschiedlichen Bereiche des Problems entscheiden, sondern vielmehr alle diese Teile integrieren und so ein neues Ganzes entstehen lassen, das zwar die eine oder andere Erscheinungsform haben mag, das aber die gesamte (bisher bruchstückhafte) Energie enthält, wodurch es uns möglich wird, Zufriedenheit und inneren Frieden zu erfahren und zu empfangen.

Versuche, möglichst viele Ziele im Zusammenhang mit deinem Problem aufzudecken. Wenn dir etwa sechs bis sieben Ziele in den Sinn gekommen sind, wirst du allmählich auf die wirklich entscheidenden, tief in deinem Geist verborgenen Ziele stoßen. Ein Kurs in Wundern besagt, daß wir in einer Konfliktsituation aufgrund der Vielzahl von Zielen niemals glücklich oder zufrieden sein können.

Der nächste Schritt besteht darin, daß du dir jedes Ziel bildlich vorstellst, sei es in Menschengestalt oder in beliebig anderer Form. Anschließend kannst du dann jedes Ziel mit einem bestimmten Gefühl oder einer Empfindung wie Wärme, Kälte, Angst, Tatkraft oder Zuversicht verknüpfen. Zuletzt kannst du diese Ziele auch noch mit einem Geräusch oder einem Ton in Verbindung bringen. Stelle dir vor, spüre oder höre, wie du diese Teile deines Geistes deinem Höheren Bewußtsein übergibst. Stelle dir vor, wie sie in einen großen Schmelztiegel kommen und erhitzt werden, bis die einzelnen Formen und Gestalten, Gefühle und Töne zu einer einzigen Gestalt, einem einzigen Gefühl oder einem einzigen Ton höherer Ordnung verschmelzen, oder belasse diese Energie einfach in der Form, in der dir sie dir nach dem Schmelzen erscheint. Betrachte dann die Auswirkungen dieser neuen Form, dieses neuen Gefühls, *dieses Klanges oder eben dieser Energie im Zusammenhang mit deinem gegenwärtigen Leben. Wie wird es sich dann zeigen? Wie wird es sich für dich und deine Mitmenschen anfühlen? Was wirst du dir selbst und deinen Mitmenschen über die Auswirkungen sagen, die diese Integration auf dein Leben und deine aktuelle Situation hat, und was werden dir die anderen dazu sagen?*

9. Schritt

Loslassen

*J*edes deiner Problem spiegelt eine gewisse Verhaftung wider, ein Festhalten an einem Menschen, an einem Ereignis oder einer Sache der Vergangenheit oder ganz einfach daran, wie die Dinge früher einmal waren. Das, woran du festhältst, ist genau das, was du dir am meisten wünschst. Das Erreichen dieses Zieles würde ein ganz bestimmtes Bedürfnis in dir erfüllen. Bedürfnisse oder Dinge, an denen wir festhalten, werden immer von einer bestimmten seelischen Not begleitet. Diese Not blockiert uns und hindert uns am Empfangen. Was wir zu benötigen glauben, das versuchen wir uns zu nehmen. Dadurch wecken wir den Widerstand des Gebenden, und wir erzeugen um so mehr Widerstand, je größer unsere Bedürftigkeit ist. Unser Bedürfnis vertreibt ganz unbemerkt den Gebenden und das Geben. Mit jedem Bedürfnis erreichen wir genau das Gegenteil dessen, was wir uns eigentlich wünschen. Unser Festhalten und unsere Bedürfnisse lehren uns, daß die Quelle des Glücks nicht außerhalb von uns zu finden ist, sondern in uns selbst liegt.

Jedes in der Gegenwart vorhandene Bedürfnis steht eigentlich für ein altes Bedürfnis, das in der Vergangenheit nicht befriedigt wurde. Da die Vergangenheit nicht mehr existiert, kann ein Bedürfnis der Vergangenheit auch nicht in einer gegenwärtigen Situation erfüllt werden. Es kostet nur vergebliche Mühe und ist unnötig frustrierend, wenn wir versuchen, vergangene Schmerzen und Verluste wiedergutzumachen. Ein solcher Versuch kann nur Enttäuschung bringen. Eine im Unterbewußtsein ablaufende Dynamik besagt, daß wir nichts verlieren können, was unsere volle Wertschätzung genießt, und das bedeutet wiederum, daß wir das Vergangene, das uns verloren scheint, niemals wirklich zu schätzen wußten. Wenn dich etwas in der Vergangenheit nicht zufriedenstellen konnte, dann wird es dir auch jetzt keine Befriedigung verschaffen.

Wenn wir an etwas festhalten, dann klammern wir uns an eine Phantasievorstellung; dies aber bedeutet, daß unsere Hände gebunden sind und wir nicht mit offenen Armen empfangen können. Festhalten heißt, daß wir nicht für das Empfangen bereit sind, denn der Gebende kommt, wenn der Empfänger bereit ist. Das Paradoxe am Festhalten ist die Tatsache, daß wir das, woran wir festhalten, niemals besitzen oder behalten können.

Auch das Loslassen beinhaltet einen solchen scheinbaren Widerspruch, denn es öffnet uns für das Empfangen dessen, was wir *gerne haben* möchten, ohne jedoch *bedürftig* zu sein. Wenn wir etwas loslassen, so bedeutet dies nicht, daß wir es wegwerfen oder uns dadurch gar von anderen absondern (das wäre ein heimlicher Versuch, die Kontrolle zu erlangen). Es handelt sich vielmehr um einen Vorgang der Loslösung, der die Dinge wieder ins rechte Verhältnis zueinander rückt und dich die Quelle deines Glücks nicht länger außerhalb von dir suchen läßt, sondern sie dir selbst zurückgibt. Dadurch kannst du aus der Situation herauskommen und wahre Beziehungen eingehen, die dich voranschreiten lassen. So unglaublich es auch scheinen mag, Loslassen bringt die Attraktivität, den Frieden und ein Gefühl der Ausgeglichenheit zurück.

Übung

Versuche heute herauszufinden, welches Bedürfnis du in deiner momentanen Problemsituation hast und woran du festhältst. Es ist dein Festhalten, das ein Vorankommen in dieser Situation verhindert. Frage dich auch:

> *„Angenommen, es wäre mir möglich zu wissen, wann dieses Bedürfnis entstanden ist, das ich jetzt zu befriedigen suche, dann war es ...."*

Versuche ganz intuitiv zu raten. Sei willens, die Gefühle und die Bedürfnisse loszulassen, damit du weiterkommen und Erfolg haben kannst. Es erfordert Mut, mit leeren Händen dazustehen, aber es ist eine der einfachsten Methoden, um voranzukommen.

Es gibt zwei Hauptformen des Loslassens. Zum einen kannst du dem Schmerz und der Trauer, die unter dem Bedürfnis verborgen sind, so lange nachspüren und sie dabei vielleicht sogar verstärken, bis sie sich schließlich in ein positives Gefühl verwandeln. Die andere Methode besteht darin, dein Festhalten in Gottes, in Jesu oder Buddhas Hände zu legen, oder es einem anderen höheren Wesen zu übergeben, zu dem du absolutes Vertrauen hast. Wenn wir etwas abgeben, das für uns illusorisch und schmerzhaft ist, dann wird uns dies nicht nur befreien, sondern es ist auch ein Geschenk an Gott.

10. Schritt

Beziehungen heilen

*J*edes Problem ist ein Spiegel unserer vergangenen und gegenwärtigen Beziehungen. Wird ein Problem gelöst, so entwickeln sich dadurch auch unsere Beziehungen weiter, hin zu größerer Intimität. Du kannst in der Tat die Beziehung zu deinem Lebenspartner oder dem Menschen, der dir am nächsten steht, als Hilfe einsetzen, um dein Problem zu lösen.

Dein Problem steht eigentlich für einen problematischen Sachverhalt innerhalb der Beziehung, die für dich am wichtigsten ist, denn alles, was dich umgibt, auch deine berufliche Tätigkeit, die Kinder, die Gesundheit usw., spiegelt deine Beziehung zu dem Menschen wider, der dir am nächsten steht. Du magst dir der Tatsache gar nicht bewußt sein, daß es in dieser für dich so wichtigen Beziehung ein Problem gibt, doch alles, was zwischen dir und deinem spirituellen Wachstum steht, wird früher oder später als Problem zwischen dir und deinem Partner ans Licht kommen. Bei den Problemen in deinem Umfeld handelt es sich um nichts anderes als um ungelöste Probleme innerhalb deiner Beziehung, von deren Existenz du vielleicht noch nicht einmal etwas bemerkt hast. Wenn man davon ausgeht, daß in Beziehungen normalerweise ein gewisses Maß an gegenseitigem, wohlwollendem Verständnis und Bereitwilligkeit vorhanden ist, dann kann das Problem auch mit einer gewissen Leichtigkeit und Mühelosigkeit gelöst werden. In einer Beziehung, in der beide Partner wirklich zueinander stehen, ist jedes Problem, das zwischen ihnen auftaucht, lediglich eine Angelegenheit, die geheilt werden will, um dadurch noch mehr Nähe entstehen zu lassen. Die Antwort liegt stets darin, noch größere Verbundenheit herzustellen, was wiederum bedeutet, dich selbst zu geben und den anderen aufzunehmen.

Wenn Probleme auftauchen und wenn du bereit bist und den Wunsch hast, eine weitere Brücke zu bauen und eine Atmosphäre der Leichtigkeit und Verbundenheit zwischen dir und deinem Partner herzustellen, dann kannst du dein Problem als eine Chance betrachten, um ihm noch näher zu kommen; und das verstärkt letztendlich auch deine Motivation, das Problem zu lösen.

Übung

Wenn der Mensch, der dir am nächsten steht, wie beispielswei-se dein Ehe- oder Lebenspartner, ein guter Freund, ein Eltern-teil, eines deiner Kinder oder Geschwister, dafür zugänglich ist, dann sprich mit ihm darüber, daß du die Lösung deines aktuellen Problems als Chance nutzen möchtest, um noch mehr Nähe zu ihm herzustellen. Erzähle deinem Partner zunächst von deinem Problem, und richte dein Augenmerk auch auf das, was in eurer Beziehung abläuft. Wenn du dann weiter über deine Gefühle und Erfahrungen sprichst, wird mit Sicherheit irgendwann ein Thema auftauchen, das zwischen euch steht. Bitte dein Höheres Bewußtsein darum, dir bei der Suche nach diesem Problem und bei seiner Lösung zu helfen. Führe das Gespräch fort und lasse dich dabei von deinem Wunsch leiten, alle Mißverständnisse aus dem Weg zu räumen, sprich über Schmerzen und Bedürfnisse, aber versuche nicht, deinen Part-ner emotional zu erpressen oder ihn anderweitig dazu zwingen zu wollen, daß er derartige Bedürfnisse erfüllt.

Wenn dein Partner dieser Art des Austauschs eher abwei-send gegenüberzustehen scheint, dann nimm Papier und Blei-stift zur Hand, um dein Problem aufzuschreiben, und notiere dir alles, was dir zu deiner Beziehung einfällt, bis du schließ-lich dem eigentlichen Hauptproblem auf die Spur kommst. Wenn es dir lieber ist, kannst du die Übung auch auf Band sprechen. Sobald du herausgefunden hast, welches Problem zwischen dir und deinem Partner steht, erkläre dich innerlich bereit, eine Lösung zu finden, damit ihr beide, du und dein Partner, voranschreiten könnt. Es handelt sich hierbei um einen Ort der Bedürftigkeit, an dem du direkt oder indirekt von deinem Partner gefordert hast, dich zu retten. Heilung kann dadurch stattfinden, daß neue Verbundenheit in der Beziehung hergestellt wird. Stelle dir dann das Problem als einen Fluß vor, der dich von deinem Partner trennt. Konzentriere dich auf deinen Wunsch, das Problem für euch beide zu lösen, und stelle dir vor, daß eine Brücke von deiner Seite des Flusses zum Ufer deines Partners gebaut wird. Wenn die Brücke das andere Ufer erreicht, wird der Weg frei, und dann kannst du zu deinem Partner hinübergehen oder er kann zu dir herüberkommen, oder ihr könnt euch beide in der Mitte treffen. Der Bau einer solchen Brücke gibt dir und deinem Partner nicht nur die Möglichkeit, eine ganz neue Beziehungs-Ebene zu betreten, auch das anstehende Problem kann dadurch transformiert und aufgelöst werden.

11. Schritt

Der Ruf nach Führung

Probleme stellen einen Versuch dar, der eigenen Führungskraft auszuweichen. Probleme machen uns befangen. Sie lassen uns klein werden, sie verfolgen uns und locken uns in die Falle. Eine meiner Entdeckungen war, daß es bei jedem Problem, das wir haben, stets einen Menschen gibt, der noch dringender der Hilfe bedarf als wir.

Führung zu übernehmen, das ist die Kunst, auf andere einzugehen. Dadurch kann ein Fließen entstehen, sowohl für dich als auch für den Menschen, auf den du eingehst. Probleme stellen auf einer bestimmten Ebene eine Ablenkung und eine Form des Selbstangriffs dar, der dich taub macht für die Hilferufe rings umher.

Führungskraft ist der Wunsch zu helfen. *Ein Kurs in Wundern* besagt, daß du die Hilferufe in deinem Umfeld hören wirst, wenn du wirklich helfen willst. Wenn wir Führung übernehmen, ist dies einer der einfachsten Wege, um Probleme ganz oder wenigstens teilweise zu lösen. Wenn es sich um ein großes Problem handelt, kann ein solcher Hilferuf von mehreren Menschen kommen, oder es mag sein, daß du aufgerufen bist, ein Projekt ins Leben zu rufen, das vielen Menschen hilft. Die Bereitschaft, Führung zu übernehmen, bringt Glück und Chancen. Sie öffnet das Tor zu Intuition und Inspiration. Wer Führung übernimmt, stellt den Menschen, der Hilfe braucht, über den eigenen Schmerz und die eigenen Probleme; und wenn du bereit bist, alle Hindernisse aus dem Weg zu räumen, um demjenigen zu helfen, der dich ruft, dann bist du auch bereit, durch deinen eigenen Schmerz oder dein Problem hindurchzugehen, damit du dem anderen die Hand reichen kannst. Dadurch wird das Problem entweder ganz oder wenigstens zu einem ziemlich großen Teil beseitigt, und euch beiden ist geholfen.

Das Führungs-Prinzip ist eine der besten Transformations-Methoden, die ich entdeckt habe, da sie einfach anzuwenden und bei großen und kleinen Problemen gleichermaßen effektiv ist. Es gibt kein Problem, das nicht auf deine Führung ansprechen würde, denn jedesmal, wenn du dich mit einem Menschen verbindest, schmilzt ein Teil des Egos hinweg. Die Menschen brauchen *dich*.

Übung

Stelle dir vor, daß der einzige Sinn und Zweck deines Problems der Wunsch deines Egos ist, dich von anderen Menschen getrennt zu halten, um dich für die Hilferufe in deiner Umgebung taub zu machen. Entscheide dich dafür, daß es wesentlich wichtiger ist, jemand anderem zu helfen, als dir über dein eigenes Problem Gedanken zu machen. Frage dich:

> *„Wer benötigt jetzt in diesem Moment meine Hilfe und Unterstützung?"*

Wer immer dir in den Sinn kommen mag, rufe diesen Menschen an, schreibe ihm oder besuche ihn. Wenn dir keine dieser Möglichkeiten richtig erscheint, dann sende ihm einfach deine Liebe. Halte dir vor Augen, daß du, wenn du die Hilferufe der anderen vernimmst, damit auch die Wand durchbrichst, die das Problem um dich herum hat entstehen lassen. Und mit dem Hindurchgehen durch diese Wand fällt das Problem weg. Wenn es sich um ein großes Problem handelt, so kann es sein, daß nur ein Teil davon abfällt. In diesem Fall kannst du dich erneut fragen:

> *„Wer benötigt meine Hilfe?"*

Wiederhole dann die Übung, um weitere Schichten des Problems, vielleicht sogar das ganze Problem auf einmal, dahinschwinden zu lassen.

12. Schritt

Die Wirkungskraft der Gaben

*D*ein Problem kommt dir gerade recht, denn du hast lieber dieses Problem, als eine neue Gabe, Begabung oder Chance anzunehmen. Es bietet dir die Möglichkeit, einem Geschenk aus dem Weg zu gehen, das darauf wartet, von dir geboren zu werden, vor dem du aber Angst hast. Nach bereits siebzehnjähriger Therapeutentätigkeit machte ich eine erstaunliche Entdeckung. Ein Problem oder Trauma zeigt eigentlich, auf welche Art und Weise du dich davon abhältst, eine Gabe, Begabung oder Chance zu empfangen, weil du viel zu große Angst hast, die Kontrolle abzugeben, die dir dein Problem bietet. Wenn dir die Zuversicht für die im nächsten Schritt enthaltene Gabe, Begabung oder Chance fehlt, dann benutzt du ein Problem, um sie nicht annehmen zu müssen. Wenn du auf dein Leben zurückblickst, dann spiegelt jedes Trauma eine abgelehnte Gabe wider. Eine Vergangenheit, die noch immer schmerzt, spricht von Geschenken, die bis heute darauf warten, empfangen zu werden. Eine der einfachsten Methoden, um Probleme zu lösen, besteht darin, das Geschenk zu erkennen, das dir dargeboten wird, und es mit offenen Armen entgegenzunehmen. Sei bereit, es zu empfangen. Je größer das Problem, desto größer das Geschenk.

Gaben sind ein Teil deines Seins. Wenn du sie erkennst und verwirklichst, werden sie zu einem Teil dessen, was du in diesem Leben bist, und dann kannst du sie in jede Situation einbringen, die sich dir stellt. Deine Gaben bringen dir selbst und den anderen Hilfe und Freude. Begabungen sind Gaben, die du zu deinem eigenen Vergnügen und zur Freude der anderen anwendest. Chancen sind ein offenes Tor zu größerem Erfolg. Das Leben hat dann zunehmend mehr mit Gaben als mit Problemen zu tun. Begabung und Führungskraft gehören von Natur aus zusammen. Das Geben und Empfangen von Gaben zeigt, daß alle Beteiligten im Fluß sind. Mit jedem Schritt, den du vorangehst, taucht ein neues Geschenk auf. Diese Geschenke kann man mit Kosmetiktüchern in einer Spenderpackung vergleichen. Sobald du eines entnommen hast, wird dir das nächste angeboten. Jede Gabe, die du annimmst, macht dein Leben leichter und strahlender. Sie segnet dich und deine Mitmenschen. Es gibt buchstäblich Tausende von Gaben und Begabungen, die jeder von uns im Laufe seines Lebens in Empfang nehmen könnte. Jede einzelne Gabe bringt dich weiter voran und läßt dich dein wahres Selbst und deine Lebensaufgabe besser verstehen. Jede Gabe läßt dich eine Grenze überschreiten und bringt dich dorthin, wo mehr Freiheit herrscht und du zunehmend mehr im Fluß bist.

Übung

Betrachte dein momentanes Problem und versuche herauszufinden, inwieweit dein verborgener Geist dieses Problem dazu benutzt, um einer Gabe, einer Begabung oder einer Chance aus dem Weg zu gehen. Wenn du eine Weile darüber nachgedacht hast, versuche zu erraten, welchen Aspekt – Geschenk, Begabung oder Chance – dein Problem von dir fernhält. Nutze deine Intuition, um aufzudecken, welche Gabe, Begabung oder Chance dir angeboten wird. Nimm sie an, sobald du herausgefunden hast, worum es sich handelt. Sieh, spüre und höre, wie sie dich durchdringt. Es kann sich anfühlen, als käme sie von außerhalb zu dir, vielleicht hast du aber auch das Gefühl, daß sie aus deinem Inneren kommt. Spüre, wie ihre Energie dich durchdringt, bis hinein in die kleinste Zelle.

Eine andere Möglichkeit, das Problem zu lösen, besteht darin, daß du dir vorstellst, du würdest das Problem in Gottes Hände, in die Hände deines Höheren Bewußtseins oder eines anderen spirituellen Meisters legen, dem du bedingungslos vertraust. Mit dieser Handlung beschenkst du die Welt, denn du beseitigst eine weitere Illusion des Leids. Stelle dir dann vor, wie Gott, dein Höheres Bewußtsein oder wer immer es sein mag, dem du dein Problem übergeben hast, eine Gabe anstelle des Problems in dich hineinlegt. Lasse dich auf allen Ebenen ganz von diesem Geschenk erfüllen.

13. Schritt

Den verborgenen Lebensplan heilen

Es gibt einen verborgenen Teil deines Geistes, der dein Problem haben möchte und ein anderes Ziel verfolgt als dein bewußter Geist. Wenn du auf Erfolg hinarbeitest und das Ergebnis alles andere als ein Erfolg zu sein scheint, dann hast du gemäß der Definition deines verborgenen Lebensplanes dennoch einen „Erfolg" erzielt. Wenn du auf etwas abzielst, das man in einer gegebenen Situation nicht gerade als Erfolg definieren würde, dann wirst du höchstwahrscheinlich dieses Ziel vor dir selbst verbergen. Ein altes Sprichwort zum Thema Unterbewußtsein lautet: „Das, was du hast, ist das, was du willst." Eine machtvolle Aussage, denn sie überträgt dir die Verantwortung. Eigentlich machen wir bei jedem Problem andere Menschen für unsere Lage verantwortlich, und das nimmt uns unsere Kraft. Wenn du aber Verantwortung zu übernehmen beginnst, so ist die Versuchung meist groß, dich in die Position des Schuldigen zu begeben, was dich wiederum handlungsunfähig macht und von Veränderung abhält. Auf diese Art und Weise bringen solche Streifzüge ins Unterbewußtsein am Anfang häufig Schuldgefühle an die Oberfläche und beenden damit deine Erkundungsreisen. Auf der einen oder anderen Ebene wirst du so lange noch in einer Falle stecken, bis du an einen Ort kommst, wo jedermann gleichermaßen verantwortungsvoll und schuldlos ist.

Beginne mit der Suche nach deinem verborgenen Lebensplan, indem du dir klar machst, daß du ein Lebewesen bist, dessen Leben einen ganz bestimmten Sinn hat. Alles, was du tust, und alles, was du dir antun läßt, paßt zu deiner Lebensaufgabe. Wenn du erkennst, daß dein Problem auf etwas beruht, das du aus einem bestimmten Grunde haben wolltest, und wenn du herausfindest, was es war, dann kannst du die Entscheidung treffen, daß du dieses Problem nicht länger haben möchtest. Jetzt kannst du eine neue heilende oder lebensverändernde Wahl treffen.

Übung

Vertraue bei den nachstehenden Fragen auf deine Intuition, und wenn du intuitiv keine Antwort erhältst, dann rate einfach. Um deine Intuition zu unterstützen, stelle jeder Frage folgende Worte voran: „Angenommen, ich wüßte die Antwort ... "
„Was bringt es mir, daß ich dieses Problem habe?"
„Was erlaubt mir dieses Problem zu tun?"
„Was bleibt mir dank dieses Problems zu tun erspart?"
„Was fürchte ich, würde geschehen, wenn ich dieses Problem nicht hätte?"
„Was befürchte ich ohne dieses Problem zu verlieren?"
„Angenommen, dieses Problem wäre eine Klage, bei wem und worüber würde ich mich beklagen?"
„Wem schiebe ich mit Hilfe dieses Problems die Schuld zu?"
„Welche Schuld versuche ich mit Hilfe dieses Problems abzuzahlen?"
„An wem räche ich mich mit diesem Problem?"
„Was versuche ich durch dieses Problem zu beweisen?"
(Was wir zu beweisen versuchen, glauben wir niemals wirklich voll und ganz.)
„Was versuche ich mit Hilfe dieses Problems zu bekommen?"
„Was ist es, das ich infolge dieses Problems nicht gebe?"
„Gegen wen rebelliere ich, dadurch daß ich dieses Problem habe, und welchen Gehorsam verweigere ich dadurch?"
„Wen greife ich mit Hilfe dieses Problems an?"
„Welches Bedürfnis versuche ich durch dieses Problem erfüllt zu bekommen?"
„Welche Gabe, welche Begabung oder Chance verweigere ich mit Hilfe dieses Problems?"
„Inwiefern hilft mir dieses Problem dabei, recht zu bekommen?"

„Wen kritisiere ich dadurch, daß ich dies geschehen lasse, und wofür?"
„Welche Glaubenssätze muß ich wohl haben, damit ein solches Problem in meinem Leben entstehen konnte?"

Probleme spiegeln auch eine Geschichte wider, die wir in unserem Leben erzählen:
„Welche Art von Geschichte erzählt dieses Problem und was bezwecke ich mit dem Erzählen dieser Geschichte?"
„Wen versuche ich mit Hilfe dieses Problems zum Verlierer zu machen?"

Nenne alle wichtigen Menschen in deinem Leben. Was teilst du ihnen durch dieses Problem mit?

Führe ein Zwiegespräch mit dem verborgenen Teil deines Geistes und finde heraus, welches Ziel er verfolgt. Er will anerkannt werden. Heilung beginnt damit, daß wir das Verborgene und Verleugnete ans Licht bringen. Wenn du etwas entdeckst, das bisher verborgen war, dann kannst du jenem verborgenen Teil helfen, ein besseres Ziel oder eine bessere Strategie zu finden, die mit dem in Einklang ist, was die anderen Teile deines Geistes bewußt anstreben.

14. Schritt

Friede

$\mathcal{P}$robleme sind ein Zeichen von Streß, von Konflikten, die in unserem Innern ablaufen und die Probleme im Außen verursachen. Alles in unserer äußeren Welt ist einfach nur ein Spiegel dessen, was in unserem Innern vor sich geht. Wenn wir den inneren Schmerz finden und heilen, dann verschwindet auch das äußere Problem. Darum können wir selbst durch große Probleme schnell hindurchgehen, wenn wir die entsprechende Stelle in uns finden und heilen. Die andere Alternative wäre der Versuch, die äußere Situation und alle anderen Menschen ändern zu wollen – und jeder von uns weiß, wie „gut" das funktioniert! Hast du jemals versucht, deine Mutter zu ändern? Deine Kinder? Deinen Partner? Viel Glück! Vielleicht gelingt es dir ja sogar, sie zu ändern, aber dazu mußt du Kontrolle ausüben, und dann verlieren diese Menschen ihre Attraktivität für dich, bis du am Ende selbst zum Verlierer wirst. Wenn du jedoch dich selbst änderst, indem du jenen Teil in dir findest und heilst, den sie repräsentieren, dann wird sich auch die äußere Situation ganz mühelos verändern.

Konflikte sind nur dann möglich, wenn es keinen Frieden gibt. Friede ist die fruchtbare und erschaffende Kraft, der alle guten Dinge wie Liebe, Erfolg, Fülle und Zuversicht entspringen. Im Frieden wird es uns möglich, Bindungen einzugehen und Liebe und Freude zu erfahren. Konflikte bringen nicht nur unser Leben durcheinander, sie können sogar zu Wegweisern auf der Straße Richtung Stagnation, Leid und Tod werden. Wenn dies geschieht, kann selbst der kleinste Rückschlag und das geringste Problem eine Depression auslösen, da solche Rückschläge oder Probleme mit dem Grundgefühl einhergehen, daß sich *niemals* etwas ändern wird und alles scheinbar ausweglos ist. Doch es gibt *immer* einen Ausweg, wenn du genügend Veränderungsbereitschaft zeigst. Es ist der Frieden, der uns auf den Weg führen kann, Veränderungen voller Zuversicht anzunehmen und als einen Segen zu erkennen, da sie uns aus dem Problem herausführen.

Der Frieden dehnt sich aus und läßt so die Welt zu einem Ort des Guten werden, wo der Weg durch den Konflikt erkennbar wird. Häufig schmelzen Konflikte einfach dahin, wenn Friede einkehrt, denn nur die Angst nährt Konflikte.

Übung

Die folgende, äußerst wirkungsvolle Übung verdanke ich Ein Kurs in Wundern: *Jedes Mal, wenn du an dein Problem denkst, dann sage dir:*

> „*Ich will dies nicht als ein Zeichen des Leidens, der Zerstörung und des Todes nutzen. Ich will daraus kein Hindernis für den Frieden machen, sondern es* als Mittel für den Frieden *nutzen.*"

15. Schritt

Lass das Klagen sein

*K*lagen heißt Angreifen, und jedesmal, wenn du jemanden angreifst, ist dies auch ein Angriff auf dich selbst und auf dein Gefühl der Sicherheit. Vor allem aber sind deine Klagen ein Angriff auf dein Selbstvertrauen, das für dich in allen Bereichen ein Schlüssel zum Erfolg sein könnte. Klagen schieben die Verantwortung für die eigene Veränderung auf andere ab und bieten dir die Entschuldigung, ein Opfer der jeweiligen Situation zu sein. Jede Klage ist ein sicheres Zeichen dafür, daß du nicht auf eine Art und Weise kommunizierst, die Veränderungen willkommen heißt, denn du suchst damit nach einem Sündenbock, um dir nicht selbst die Schuld zuschreiben zu müssen. Es handelt sich dabei um eine recht armselige Strategie, die dich von Veränderung abhalten will, die jedoch deine negativen Schuldgefühle in der betreffenden Situation nur teilweise verdeckt.

Statt nach einer Lösung zu suchen, verstärken Beschwerden nur das jeweilige Problem. Mit deinen Klagen machst du indirekt andere für dein Glücklichsein verantwortlich, was dich deiner Handlungsfähigkeit beraubt und von anderen fordert, besser zu sein. Beschwerden sind ein Versuch, Kontrolle auszuüben, um dich vor den Schmerzen der Vergangenheit zu schützen, die unter dem Deckmantel der Gegenwart auftauchen wollen. Klagen machen dich blind für die Tatsache, daß du eigentlich derjenige bist, der Angst vor Veränderung hat, während du gleichzeitig versuchst, einen anderen Menschen dahingehend zu steuern, daß er sich zu deinem Vorteil verändert.

Dein Problem ist eine Art Beschwerde, und wenn es ein großes Problem ist, dann ist es schon eher ein Wutanfall, wie man ihn bei kleinen Kindern findet. Durch dein Problem drückst du aus, daß jemand nicht richtig – nicht *deinen* Vorstellungen entsprechend – gehandelt hat und du dich darum jetzt in einer schwierigen Lage befindest. Deine Beschwerde kann sich auf einen Menschen deiner Vergangenheit oder deiner Gegenwart, auf einen bereits verstorbenen oder noch lebenden Menschen beziehen. Selbst wenn dir deine Klagen das einbringen würden, was du möchtest, sie würden lediglich deine Arroganz und deine Schwäche verstärken und dabei gleichzeitig deine Verantwortlichkeit und Stärke verbergen. Manche Menschen würden sich lieber auf die Zunge beißen, als sich laut über etwas zu beschweren, aber ihre Probleme sprechen für sich. So ist zum Beispiel jedes Dahinscheiden eines Menschen, wenn es nicht völlig friedlich vonstatten geht (wenn der Körper nicht einfach abgelegt wird wie ein Kleidungsstück), entweder eine Klage oder eine Art kindlicher Wutanfall.

Wenn du das Gewünschte durch Klagen erreichst, dann heißt dies eigentlich, daß du das, was du bekommst, gar nicht zu verdienen glaubst, denn Klagen arbeiten mit Manipulation und Gewalt, um ein bestimmtes Ergebnis zu erzielen. Kommunikation, Vertrauen und Selbstveränderung sind es, die dir in einer solchen Situation deine Kraft und Stärke zurückgeben können. Wenn die Situation in deinem Umfeld unlösbar scheint, dann ist es wichtig, daß du innere Methoden der Heilung und Transformation anwendest, daß du beispielsweise eine neue Wahl triffst, etwas vergibst oder integrierst oder daß du dich für Begabung und Gnade öffnest.

Übung

Gib deine Beschwerde auf, und das entsprechende Problem wird von dir abfallen.

Frage dich:

„Inwiefern stellt mein Problem eine Beschwerde dar?"

„Worüber beschwere ich mich?"

„Bei wem beschwere ich mich?"

Was du einem Menschen auch immer vorwerfen magst, frage dich bei jeder Antwort auf diese Fragen: „Würde ich mir selbst so etwas vorwerfen?" Wenn du dies verneinen kannst, werdet ihr dadurch beide befreit. Falls nicht, dann bleibst du weiterhin in der Problemhölle gefangen, aber dann kannst du dich wenigstens weiter beklagen.

Sobald du herausgefunden hast, worüber du dich beschwerst, und wahrhaft beginnst, dem anderen deine Gefühle und Erfahrungen mitzuteilen (was nicht bedeutet, ihn dafür verantwortlich zu machen), dann wirst du Schicht für Schicht durch deine Gefühle hindurchgehen und schon bald feststellen, daß du über Gefühle aus deiner Kindheit sprichst. Wenn du auch diese geheilt hast, wird das Problem, oder zumindest eine ziemlich große Schicht davon, verschwunden sein.

16. Schritt

Wertlosigkeitsgefühle heilen –
Ausgleichsverhalten aufgeben

*P*robleme, die auf Wertlosigkeit beruhen, gehören der Meisterschafts-Stufe an. Sie kommen daher, daß wir uns selbst nicht wertschätzen. Wenn wir uns selbst gebührend schätzen würden, dann würden dies auch alle anderen tun; doch wenn nicht einmal wir uns schätzen, wie wollen wir es dann von den anderen erwarten?

Wertlosigkeitsgefühle beruhen auf alten Familienmustern, die sich ganz tief in unserem Geist verbergen, auf Fehlern, die wir alle als Kinder gemacht haben. Wir sind auf die Welt gekommen, um unsere Eltern und unsere Familie zu retten, und in den meisten Fällen haben wir uns selbst dann die Schuld an ihren Probleme gegeben und unseren Ort der Schuldlosigkeit und des Friedens verlassen, um in die Aufopferung hineinzugehen. Durch unsere Aufopferung sorgen wir dafür, daß die Quelle der Schuld ständig weitersprudelt, ganz gleich um welches Problem es sich dabei handelt. Wenn wir uns selbst die Schuld geben, übernehmen wir den Schmerz und die Muster unserer Eltern, die wir manchmal dann zu verbergen oder auszugleichen suchen.

Das Schöne daran ist jedoch, daß die Gabe, die wir ursprünglich unseren Eltern und unserer Familie bringen wollten, noch immer in uns ist und darauf wartet, gegeben zu werden. Sobald wir diese Gabe verschenken, erfüllen wir in der Familie eine bestimmte Aufgabe, und eine komplette Schicht verborgener Schuld kann verschwinden. Jede Aufgabe, die wir in der Familie erfüllen, wird zu einem Bestandteil unserer Lebensaufgabe. Durch das Auflösen alter Familienmuster erkennst du einen Wert in dir an, der dem Wert eines Meisters sehr ähnlich ist. Ein Meister schenkt nur wahre Werte, und jeder von uns ist auf die Welt gekommen, um der eigenen Familie einen solchen Wert zu bringen. Sobald wir in der Lage sind, unserer Familie dieses Geschenk zu machen, gibt es niemanden mehr, dem wir es nicht schenken könnten.

Wir alle leben im Schatten von Ausgleichs- oder Ersatzhandlungen. Es handelt sich dabei um Situationen, in denen wir ganz anders handeln, als wir uns fühlen. So kann es sein, daß wir uns schlecht fühlen, aber so tun, als seien wir guter Laune; oder wir fühlen uns schuldig und handeln, als seien wir der beste Mensch auf dieser Welt; oder es mag sein, daß wir uns wertlos fühlen und darum viel zu viel arbeiten. Jede Ausgleichs- oder Ersatzhandlung ist ein Versuch, etwas zu beweisen, manchmal sogar etwas Negatives; so kann es zum Beispiel sein, daß wir schlecht und negativ von uns denken, weil wir Angst vor unserer wahren Güte, vor unserer wahren Schuldlosigkeit und Heiligkeit haben; oder wir versuchen, durch unser Handeln die eigene Unfähigkeit zu beweisen, da wir Angst vor unserer Begabung haben.

Bei großen Ausgleichs- oder Ersatzhandlungen, an denen auch eine Menge Verleugnung beteiligt ist, sind die verborgenen negativen Gefühle weitaus schwieriger zu finden (und darum ist es auch um so schwieriger, mit ihnen umzugehen), da es an der Oberfläche so aussieht, als wäre alles in bester Ordnung. Doch all unsere positiven Ausgleichs- oder Ersatzhandlungen bleiben ohne Lohn, da sie bloße Handlungen, aber kein wahres Geben sind. Ausgleichs- oder Ersatzhandlungen lassen kein Empfangen zu. Aller Lohn versickert in dem Bemühen, den Beweis aufrecht zu erhalten, daß wir gut sind, oder was auch immer wir zu beweisen versuchen. Dieses Verhalten wird zur Aufopferung, die uns wiederum vom Empfangen abhält und dazu führt, daß wir uns ausgebrannt fühlen. Beispielsweise kann ein großer Teil der Anstrengungen oder Schwierigkeiten eines Menschen einfach nur dem Beweis dienen, daß er rechtschaffen und tugendhaft oder wertvoll ist. Mit harter Arbeit verschwenden wir unsere Bemühungen, um eine Identität aufrechtzuerhalten, an die wir gar nicht wirklich glauben. Wenn wir jedoch unser Ausgleich erstrebendes Ersatzverhalten aufgeben, verschwindet allmählich die ganze Geschäftigkeit, mit deren Hilfe wir unsere Persönlichkeit aufgebaut haben, und wir stoßen auf Wertlosigkeitsgefühle. Wenn wir uns wertlos fühlen, wird unser Selbstangriff so stark, daß wir uns nach dem Tod sehnen. Unter dieser Wertlosigkeit verbirgt sich jedoch unser wahrer Wert, unser Sein, unsere Schuldlosigkeit, unser In-der-Mitte-Sein, unsere Einfachheit, ja die Gnade selbst.

Übung

Frage dich:
   „Wenn ich davon ausgehe, daß die Antwort in mir ist, was versuche ich dann durch dieses Problem zu beweisen?"

Stelle dir nun bildlich vor, wie du dein Problem und die positive Eigenschaft, die es beweisen soll, vor deinem Körper in den Händen hältst. Welche Farbe und Form, welches Gewicht, welche Beschaffenheit, welchen Geruch und Klang hat es? Stelle dir dann vor, daß es sich in einen weißen Tischtennisball verwandelt, der in der rechten, oberen Ecke des Raumes schwebt. Stelle dir anschließend vor, wie der Tischtennisball in den Weltraum entschwindet.
   Schaue dann deine darunterliegenden Gefühle an. Wenn es sich um positive Gefühle handelt, genieße sie. Sind sie negativ, so lege sie in die Hände deines Höheren Bewußtseins, oder wenn du möchtest, kannst du auch die erste Übung wiederholen und dir überlegen, welche Farbe und Form, welches Gewicht, welche Beschaffenheit, welchen Geruch und welchen Klang sie haben, und diese Eigenschaften dann in einen weißen Tischtennisball verwandeln, der in den Weltraum entschwindet.

Wenn dir bewußt ist, was geschieht, kannst du dir auch die Kraft deines Verstandes zunutze machen und eine neue Entscheidung treffen. Du kannst etwas Neues wählen, wie beispielsweise:
   „Ich entscheide mich dafür, mich selbst als unschuldig zu betrachten."

Erfreue dich an den wahren und positiven Gefühlen, die zu dir kommen.

17. Schritt

Geben und Empfangen

*D*as Geben ist ein wichtiger Schlüssel zum Erfolg, und wenn du dich selbst gibst, bringt dies sogar noch mehr Erfolg. Jedes Problem steht für einen Ort, an dem du zu nehmen versuchst. Es steht für einen Ort, an dem du dich selbst nicht einbringst. Alle Probleme könnten dadurch gelöst werden, daß wir auf neue Art und Weise oder auf einer neuen Ebene geben.

Dein Problem beruht darauf, daß du nichts gibst und auch nichts empfängst. Es könnte keine Probleme in deinem Leben geben, wenn du nicht etwas zurückhalten würdest. Normalerweise hat es bei Problemen meist den Anschein, daß andere uns etwas vorenthalten („Ich empfange nichts!" oder: „Ich bekomme immer das Falsche."), in Wahrheit ist es jedoch so, daß das Problem verschwindet, sobald wir den Teil, den wir geben sollen, finden und ihn wirklich geben. Häufig haben wir uns einfach zurückgezogen, wenn uns in unserer Kindheit etwas Traumatisches widerfahren ist. Wir haben dann für alle Zeiten aufgehört, jenen Teil unserer selbst zu geben, und das bedeutet wiederum, daß es ein verletztes, vielleicht sogar totes Kind in uns gibt. Wenn wir *jenen* Teil finden und *ihn* geben, dann fällt das ganze Problem von uns ab.

Das Empfangen ist untrennbar mit dem Geben verbunden und entsteht daraus wie von selbst. Wenn du gibst, öffnest du damit auch die Tür für das Empfangen und kannst das, was dir gegeben wird, bewußt erfahren und dich daran erfreuen. Ein solches Empfangen macht es dir wiederum möglich, auf einer ganz neuen Ebene zu geben. Genauso wie „der Lehrer erscheint, wenn der Schüler bereit ist", so „erscheint auch der Gebende, wenn der Empfänger bereit ist." Dies bedeutet, daß Probleme auf einer bestimmten Ebene einen Ort darstellen, an dem du noch nicht zu empfangen bereit bist. Scheinbar glaubst du nicht daran, daß diese neue Ebene des Erfolges dir etwas geben, sondern vielmehr, daß sie dir etwas nehmen wird. Irgendwie hast du Angst davor, etwas zu verlieren, wenn du das Problem löst, und somit ist dein Problem eigentlich eine Form des Festhaltens. Das heißt, daß du Angst vor deiner nächsten Ebene hast, Angst davor, die Kontrolle zu verlieren oder völlig in Bann gezogen zu werden, zu einer Pfütze dahinzuschmelzen und orgiastisch ins Licht einzugehen.

Wenn du dich öffnest und etwas Neues empfängst, geht als erstes der Schmerz von dir, jener Schmerz, der dich bis zu diesem Zeitpunkt aufgehalten hat, denn es war einfach viel zuviel Altes in dir, um etwas Neues einlassen zu können. Damit Neues eingelassen werden kann, ist es erforderlich, einen Teil des alten Schmerzes loszulassen. Wir hören auf zu empfangen, da wir Angst haben, unseren alten Schmerz zu spüren, aber wenn wir Schmerzen loslassen, kann dies sanft und zärtlich, ergreifend und schmerzlich sein, und es birgt die Süße einer Geburt in sich. Es braucht Mut, sich so weit zu öffnen und so viel Neues zu empfangen. Das weibliche Prinzip besagt, daß das Bewußtsein feminin wird, wenn es allmählich über die tieferen Ebenen der Partnerschaft hinauswächst, und dann geht es bei allem nur noch um das Empfangen, wodurch wiederum mehr Geben möglich wird.

Übung

Setze heute bewußt deinen Verstand ein, um herauszufinden und zu geben, was immer in deiner Situation gegeben werden möchte. Stelle dir alle von deiner Situation betroffenen Menschen vor, die Situation selbst und das, was jeder einzelne benötigt. Frage dich, wann du die Tür vor dem verschlossen hast, was du jetzt aufgrund des Problems nicht empfangen kannst. Sobald du diese Tür öffnest, kann das Problem nicht länger bestehenbleiben. Stelle dir vor, wie du die Türen deines Geistes und deines Herzens öffnest und jedem von der Situation betroffenen Menschen genau das gibst, was er benötigt. Dadurch wird deinem Geist ein Muster vorgegeben, und du wirst wie von selbst die entsprechenden Taten folgen lassen, um diese Gaben in die Tat umsetzen.

Spüre hin und finde heraus, was du durch deinen Erfolg zu verlieren befürchtest. Das Ego schickt dir normalerweise eine Warnung, daß du durch deinen Erfolg etwas Bestimmtes verlieren wirst; manchmal warnt es dich sogar vor deinem eigenen Tod. In Wahrheit aber stirbt durch deinen Erfolg ein Teil deines Egos und läßt dich als einen Menschen mit weniger Selbstbildern und größerer Offenheit für das Empfangen zurück, und das ist der einfache Weg nach vorn. Sobald du weißt, worum es sich handelt, kannst du das Problem auch lösen, denn du erhältst dadurch deine Kraft und Stärke zurück – die Kraft, dich selbst zu verändern, jene Kraftquelle, die Fülle, Liebe und Erfolg ermöglicht, die uns das Leben in seiner Totalität leben und das Geschenk, das wir sind, geben läßt. Laß all die Probleme los, an denen du festhältst und die dich Fehlschläge erleiden lassen, denn alle Verhaftung bringt früher oder später nur Leid und Niederlagen mit sich. Sei bereit, dich für das zu öffnen, was dir von deiner Situation und den davon betroffenen Menschen für deinen Erfolg dargeboten wird.

18. Schritt

Vom Kontrollverhalten zur Zuversicht

*J*edes Problem beruht auf einem Mangel an Zuversicht, denn wo Zuversicht herrscht, dort gibt es keine Probleme. Probleme sind eine heimliche Form der Kontrolle, und Kontrolle ist genau das Gegenteil von Zuversicht. Kontrolle beruht auf Angst und Konflikten, die von ungeheiltem Herzenskummer kommen. Wenn du Kontrolle ausübst, hast du wahrscheinlich den inneren Wunsch, jeden gewinnen zu lassen, ohne dabei jemanden zu verletzen, und um dies zu erreichen, versuchst du alle anderen (mehr oder weniger) diskret zu manipulieren. Damit steigt die Wahrscheinlichkeit, einen Machtkampf herbeizuführen, denn unsere Mitmenschen sind nicht immer unbedingt davon begeistert, wenn wir ihnen unsere Ideen aufzwingen – selbst wenn sie gut gemeint sind. Du benutzt dein Problem als eine Form der Kontrolle, entweder um deinen eigenen Fortschritt und den Fortschritt der anderen zu verlangsamen, oder um alle Beteiligten in einer bestimmten Position festzuhalten.

Jeder Abwehrmechanismus erzeugt genau das, wovor er uns eigentlich bewahren will, und dein Kontrollverhalten und dein Problem lassen eigentlich das Risiko, daß du verletzt wirst, eher größer werden, als daß sie dich davor schützen. Sei bereit, deine Verteidigungshaltung zugunsten von Vertrauen und Kommunikation aufzugeben, denn sie können das Kontrollverhalten heilen. *Ein Kurs in Wundern* besagt, daß mit dem Einsetzen eines Problems die Antwort darauf gleich mitgeliefert wird, und meine berufliche und persönliche Erfahrung hat dies ebenfalls gezeigt. Das bedeutet, daß die Zeit, die du für die Lösung eines Problems benötigst, dem Zeitraum entspricht, den du brauchst, um auf dem betreffenden Gebiet Zuversicht zu entwickeln. Konflikte, die Kontrolle erzeugen, beruhen darauf, daß zwei Teile unseres Geistes unterschiedliche Dinge wollen, und dabei hat jeder Teil Angst, der Erfolg des anderen Teils könne zur eigenen Niederlage führen und ihn mit unerfüllten Bedürfnissen zurücklassen.

Der englische Begriff für Zuversicht lautet *confidence*, was wiederum vom Lateinischen *con fides* stammt, und das heißt *mit Glauben*. Zuversicht haben bedeutet, daß wir unsere Geisteskraft einsetzen, um eine positive Lösung zu erkennen und mit dieser Lösung vor Augen dann durch Umbruch und Veränderung hindurchgehen. Auf irgend etwas muß sich deine Geisteskraft ausrichten. Sie kann entweder in die Lösung oder in das Problem hineingehen. In jeder schwierigen Lage können wir unsere Geisteskraft ganz bewußt auf ein positives Ergebnis ausrichten, es vor uns sehen und spüren. Wenn scheinbar alles schief geht, bedeutet dies, daß wir der jeweiligen Situation und den betroffenen Menschen nicht vertraut haben. Das kommt daher, daß wir nicht genügend Selbstvertrauen haben, denn der Ursprung aller Zweifel liegt in Selbstzweifeln. Es ist von ganz entscheidender Bedeutung, daß wir der Entfaltung einer Situation vertrauen, da alle Probleme, denen wir mit Vertrauen begegnen, sich in einer Art und Weise zu entfalten beginnen, die letztendlich, so paradox es manchmal auch erscheinen mag, für uns genau richtig ist.

Übung

Beginne heute damit, dir selbst, der Situation und allen davon betroffenen Menschen mit Zuversicht zu begegnen, und setze dies Tag für Tag so lange fort, bis das Problem gelöst ist. Wenn du einen Menschen als deinen Feind betrachtest, so vertraue darauf, daß er und seine Handlungen dir am Ende irgendwie dienlich sein werden. Da alle äußeren Konflikte einen inneren Konflikt repräsentieren, steht ein solcher Feind für einen Teil deines Geistes oder eine Persönlichkeit in dir, die gegen dich arbeitet. Wenn du diesem Feind und der Situation deine Zuversicht schenkst, wird dich dies aus dem Konflikt und der Kontrolle herausführen, hin zu einem gemeinsamen Ziel. Das kann zu dramatischen Ergebnissen führen, einen „Feind" beispielsweise ganz und gar verwandeln oder vollkommen von einer Situation wegführen.

Meide heute alle Gedanken der Angst und setze deinen Geist dafür ein, dich selbst und dein Leben aufzubauen.

19. Schritt

Die Macht der Wahl

Das nachfolgende Prinzip, das davon handelt, daß wir uns immer wieder neu entscheiden können, verdanke ich *Ein Kurs in Wundern*. Tief in unserem Unterbewußtsein haben wir irgendwann eine Wahl getroffen, mit der ein bestimmter Zweck verfolgt werden sollte. Genau diese Entscheidung hat dann zu deinem Problem geführt. Du warst der Meinung, deine Entscheidung würde dich irgendwie glücklich machen. Daß diese Wahl ein Fehler war, geht eindeutig aus dem Problem und dem Ärger hervor, den sie dir statt des Glückes gebracht hat. Welchen Grund du auch immer dafür gehabt haben magst, dieses Problem zu wählen, diese Wahl war ein Fehler, und das Problem kann auf dieselbe Art und Weise beseitigt werden, wie es entstanden ist – nämlich durch eine Wahl. Der erste Schritt, um das Problem aufzulösen, liegt darin, dir einzugestehen, daß dein Problem auf einer falschen Entscheidung beruht und du es nicht länger haben möchtest. Dann sei bereit, in der betreffenden Situation unrecht zu haben, denn solange du im Recht sein willst, wird alles so bleiben, wie es ist. Wenn du dir zugestehst, in einer bestimmten Situation im Unrecht zu sein, kannst du sie in neuem Licht betrachten und einen wahrhaftigeren Weg erkennen. Hast du dies erst einmal getan, dann kannst du eine neue Wahl treffen und etwas wählen, das du möchtest. In genau derselben Art und Weise, wie du den Weg gewählt hast, der zu deinem Problem geführt hat, kannst du auch den Weg wählen, der dich wieder aus dem Problem herausführt. Dabei solltest du aber sicherstellen, daß du auf eine Art und Weise wählst, die niemanden zum Verlierer macht, damit du dich nicht gleich wieder in einer neuen Problemsituation verfängst.

Übung

Natürlich ist es jederzeit möglich, eine Wahl zu treffen, unser Geist ist jedoch kurz vor dem Einschlafen und kurz nach dem Aufwachen am empfänglichsten dafür. Unsere Welt ist größtenteils das Ergebnis unüberlegter Entscheidungen. Du hast jetzt die Möglichkeit zu überlegen, was du möchtest, und dich dafür zu entscheiden. Unsere Wahl für sehr negative Situationen treffen wir meist im Bruchteil einer Sekunde, um sie dann anschließend wieder genauso schnell zu unterdrücken, und es bleibt, abgesehen vom daraus resultierenden Problem, kein einziges sichtbares Zeichen einer Wahl zurück. Dieses Prinzip hat mich Ein Kurs in Wundern *gelehrt, und ich habe sowohl im Privat- als auch im Berufsleben feststellen können, wie zutreffend es ist.*

Wähle heute das, was du anstelle des Problems möchtest. Schau dir das Gewünschte an, fühle und höre es. Dann stelle dir vor, wie du deine neue Entscheidung ins Universum aussendest. Die Antwort wird zu dir zurückkommen, sobald du die nötige Zuversicht dafür hast. Sieh, fühle und höre, wie glücklich du sein wirst, wenn das Gewünschte zu dir kommt. Jedesmal, wenn dir das Problem in den Sinn kommt, laß es los und triff eine neue Wahl. Die Dinge geschehen auf fast magische Art und Weise, wenn wir uns unserer Entscheidungskraft bedienen. Jedesmal, wenn dir dein Problem in den Sinn kommt, laß es los und triff eine neue Wahl.

20. Schritt

Angriff und Rache heilen

*J*edes Problem ist eine mehr oder weniger versteckte Form des Angriffs. Es ist ein Werturteil, das wir auf verschleierte, indirekte Art und Weise über einen anderen Menschen gefällt haben. Probleme sind ein Weg, andere zu bestrafen oder zum Opfer zu machen. *Ein Kurs in Wundern* beschreibt Opfer als Menschen, die andere angreifen und dabei auch noch unschuldig erscheinen. Probleme sind auch ein Mittel, Rache zu üben, allerdings mit der bewußten Überzeugung und dem Gefühl, machtlos zu sein. „Ich räche mich am anderen dadurch, daß ich dieses Problem habe!" In jedem Opfer ist ebenso viel Angriffslust vorhanden wie in demjenigen, der andere zum Opfer macht. In beiden Fällen handelt es sich um den Versuch, etwas zu nehmen. Wenn man erkennt, daß man andere angreift und sich an ihnen rächt, wird es möglich, eine ganz einfache Lösung zu finden und diesen Zustand durch Geben oder Vergeben zu beenden.

Mit deinen Problemen verletzt du dich selbst, um dich mit Hilfe von Schuldgefühlen und emotionaler Erpressung am anderen zu rächen. Wenn du diese Dynamik, die tiefer als jede andere verborgen ist, aufgibst, dann kannst du dich innerhalb kürzester Zeit sogar von ganz großen Problemen befreien. Der erste Schritt in diesem Prozeß besteht darin, dir bewußt zu werden, wen du (abgesehen von dir selbst) angreifst und warum du es auf diesen Menschen abgesehen hast.

Übung

Frage dich:
    „Wenn ich davon ausgehe, daß ich weiß, an welchem Men-
    schen meiner Vergangenheit ich mich durch dieses Problem
    räche, dann ist es .... "
    „Wenn ich davon ausgehe, daß ich weiß, wen ich in der
    Gegenwart durch dieses Problem angreife, dann ist es
    .... "
    „Wenn ich davon ausgehe, daß ich weiß, warum ich diese
    Menschen angreife, dann aus dem Grunde, weil
    .... "

Sobald die Antwort an die Oberfläche kommt, überlege dir, ob
sich dieses Problem für dich als Versuch, an jemandem Rache
zu üben, überhaupt lohnt, denn oft merken die Menschen, die
auf diese Art und Weise angegriffen werden, gar nicht, daß du
sie mit deinem Problem angreifen willst. Häufig kommt es auch
vor, daß wir auf diese Art und Weise einen Menschen angreifen,
der bereits verstorben ist.

Wenn sich Menschen ihres verborgenen Schmerzes bewußt
werden, sind sie oft nicht bereit, ihn aufzugeben. An diesem Punkt
wird es in der Regel ganz deutlich, daß der Betroffene an der Ver-
gangenheit festhält, und sei sie auch noch so schmerzhaft, aus
Furcht, dem ins Auge zu blicken, was als Nächstes kommt.

Was dich motivieren könnte, das Problem loszulassen, ist
die Erkenntnis, daß jeder Angriff auf einen anderen Menschen
dich von ihm trennt und einen Angriff auf alle Menschen dar-
stellt, auch auf dich selbst und auf diejenigen, die du am mei-
sten liebst. Auf dich warten viel größere Chancen, als Rache
zu üben. Eine ganze Welt wartet darauf, gerettet zu werden,
eine Welt, in der anstelle des Leids Freude herrschen könnte.
Selbst wenn du an deinem Problem festhältst, um jemanden

anzugreifen, der dich verletzt hat, verletzt du auf symbolischer und energetischer Ebene damit immer noch die Menschen, die dir nahestehen. Der ursprüngliche Schmerz ist ebenso wie das Problem ein Mißverständnis. Was dir bisher nicht gegeben wurde und wovon du dich hast verletzen lassen, ist genau das, was du hättest geben sollen, und nur durch dein Geben kann die Lage besser werden.

Gehe in Gedanken zurück in die Zeit, in der du verletzt wurdest. Bitte dein Höheres Bewußtsein, alle von der Situation Betroffenen zurück in ihre Mitte zu bringen, an jenen inneren Ort des Friedens und der Schuldlosigkeit, an dem Gnade empfangen werden kann. Schaue von diesem Ort des Friedens aus in deine Mitmenschen hinein. Was brauchen sie? Stelle dir vor, wie du die Tür zu ihrem Herzen und zu ihrem Geist öffnest und ihnen dieses Geschenk gibst, das sie so dringend benötigen und das für sie von so hohem Wert ist. Dadurch werden du und diese Menschen gleichermaßen von jenem alten Muster befreit, das Problem wird gelöst, und eine neue Ebene der Begabung wird sich dir öffnen.

21. Schritt

Beweise und Selbstbilder heilen

*J*edes deiner Probleme hat die Absicht, etwas ganz Bestimmtes beweisen. Soweit es uns selbst angeht, wollen unsere Probleme meist etwas Positives beweisen, im Hinblick auf die anderen hingegen eher etwas Negatives. Doch der eigentliche Grund dafür, daß du all diese guten Eigenschaften beweisen willst, liegt darin, daß du selbst nicht so ganz davon überzeugt bist, sie wirklich zu besitzen (sonst hättest du es ja nicht nötig, sie zu beweisen). Bei den meisten Menschen läuft diese Art des Beweisens darauf hinaus, anderen zu zeigen, welch ein guter, arbeitsamer, wertvoller und liebenswerter Mensch man ist. Durch ein derartiges Beweisverhalten versuchen wir größtenteils unsere eigenen positiven Selbstbilder zu stützen, und wir verschwenden große Mengen an Energie und haben einige Probleme damit, das zu untermauern, was wir beweisen wollen.

Doch trotz all der Energie, die wir darauf verwenden, läßt das Beweisen kein Empfangen zu, da es etwas verbergen will (das, was wir wirklich von uns selbst glauben). Alles Positive, das zurückkommt, versickert im Selbstbild. Das Wenige, das du vielleicht dennoch auf diese Art empfängst, erschöpft sich schnell im Bemühen, die für den Beweis erforderliche Aufopferung erträglich zu machen.

All diese positiven, ausgleichenden Selbstbilder lassen uns gut handeln, hinterlassen aber ein Gefühl der Leblosigkeit. Ihr Hauptzweck besteht darin, genau das Gegenteil, also die in uns vergrabenen dunklen und negativen Selbstbilder, zu verbergen. Das erklärt auch, warum „guten" Menschen Unheil widerfährt. Der Grund liegt einfach darin, daß wir auf einer bestimmten Ebene glauben, ein schlechter Mensch zu sein und Bestrafung zu verdienen. Und der liebe Gott braucht sich gar keine Gedanken darüber zu machen, wie er uns bestrafen soll, denn das können wir alle selbst ganz hervorragend, vielen herzlichen Dank. All diese negativen Selbstbilder verbergen sich größtenteils hinter Verleugnung und entziehen sich unserem Blick. Auf negative Eigenschaften dieser Art reagieren wir sehr heftig und versuchen sie mit aller Macht auszugleichen. Doch auch bei Schattenfiguren und allen möglichen Schichten von negativen Selbstbildern handelt es sich um Ausgleichs- oder Ersatzverhalten. Wenn wir beweisen, daß wir nicht gut sind, so ist dies ein Weg, unsere *wahre* Güte und unser Verbundensein mit der Gnade, mit unserem Höheren Bewußtsein und der Heiligkeit zu verbergen, denn unsere Angst davor, all dies anzunehmen, scheint noch wesentlich größer zu sein.

Übung

Stelle folgende Überlegungen an:

*„Bei den positiven Dingen, die ich mit diesem Problem
beweisen will, handelt es sich um ...."*

*„Bei den negativen Dingen, die ich in bezug auf mich selbst
und die anderen (frage dich, wer diese anderen Menschen
sind) sowie im Hinblick auf die Situation und das Leben im
allgemeinen beweisen will, handelt es sich um
................."*

*Schreibe nun alle negativen Eigenschaften auf, die du dir
selbst durch dein Problem beweisen willst oder auf andere
Menschen projizierst, und mache dir klar, daß es sich dabei
jedesmal um deine eigenen Selbstbilder handelt. Liste dann
deine eigenen positiven Eigenschaften auf, aber schreibe überall dort, wo es sich um einen Ersatz handeln könnte, auch die
negativen Eigenschaften dazu, die ausgeglichen werden sollen.
Bei ihnen allen handelt es sich um Selbstbilder, in die du Zeit,
Energie und Geld investierst, aufgrund derer es dir aber
unmöglich ist, zu empfangen.*

*Selbstbilder könnten ganz einfach dadurch geheilt werden,
daß du die Entscheidung triffst, nicht länger in sie investieren
zu wollen. In dieser Welt versuchen wir in der Regel zunächst
eine starke Persönlichkeit und ein starkes Ego aufzubauen, um
uns dann später auf unserem Entwicklungsweg zur Meisterschaft allmählich wieder von einer Persönlichkeit nach der
anderen zu lösen, was bedeutet, daß von uns selbst und unserem hektischen Tun immer weniger übrigbleibt und dafür mehr
und mehr Friede herrscht und immer mehr Raum entsteht, um
die Gnade und das Himmelreich einströmen zu lassen.*

*Wenn wir Selbstbilder loslassen wollen, müssen wir uns
darüber im klaren sein, daß sie ähnlich wie Glaubenssätze*

zuweilen aus mehreren Schichten bestehen und manchmal auch mehrere Schichten von Persönlichkeiten vorhanden sein können. Jede Wahl, die wir treffen, kann eine weitere Schicht entfernen. Wenn uns die Sinnlosigkeit eines Selbstbildes ganz besonders stark bewußt wird, kann ein komplettes Muster, das bis dahin vielleicht unser Leben beherrscht hat, aufgelöst werden.

Du hast aber auch die Möglichkeit, dich einfach dafür zu entscheiden, jedes einzelne Selbstbild, das du zu beweisen versuchst, loszulassen und statt dessen die Wahl zu treffen, es durch neue Entscheidungen zu ersetzen, in denen sich die Wahrheit und deine wahre Güte widerspiegeln.

22. Schritt

Verstehen

*D*ein Problem beruht auf mangelndem Verständnis. Könntest du deine Lage verstehen, so würde sich das ganze Problem von allein lösen. Meiner Erfahrung nach ist es ganz entscheidend, daß Menschen ihre Situation verstehen, wenn sie ihre Probleme lösen wollen. Je tiefer das Verständnis, desto größer die Befreiung von Furcht, Bedürftigkeit und Verlustängsten – allesamt Faktoren, die bei jedem Problem eine Schlüsselrolle spielen. Wenn man genauer hinschaut, beruhen sowohl die Probleme selbst als auch der durch sie ausgelöste Schmerz letztendlich auf einem Mißverständnis. *Ein Kurs in Wundern* spricht von unserer Vorliebe für Werturteile und davon, wie unsere Urteile immer Schuldgefühle verbergen, da wir nicht das ganze Bild sehen.

Vor Jahren, als ich in der Rehabilitation Drogenabhängiger tätig war, wurde mir klar, daß es möglich war, Probleme und Schmerzen aufzulösen, weil sie nicht die Wahrheit darstellen, und daß immer dann eine tiefgreifende Heilung stattfand, wenn es zu tiefem Verstehen kam. Diese Heilungen gingen weit über den Verstand hinaus und verwandelten die jeweilige Situation auf ganz entscheidende Art und Weise. Es ist für Probleme ganz typisch, daß sie aus mehreren übereinanderliegenden Schichten bestehen, wobei die Probleme an der Oberfläche häufig viel größere Probleme – oder schmerzhaftere Gefühle – unter sich verbergen. Doch ein Mensch, der versteht und vertraut, wird nicht mittendrin aufhören, sondern Schicht für Schicht weitergehen, bis ein bestimmter Zyklus oder ein bestimmtes Muster vollendet ist, und dann werden Friede und Freude herrschen.

Die nachfolgende Übung ermöglicht ein schichtweises Hindurchgehen durch Probleme, bis man Frieden und eine Lösung findet. Du mußt aber damit rechnen, daß dieser Prozeß in vielen Fällen zunächst tiefer in den Schmerz hineinführen kann, während er vom bewußten Geist über das Unterbewußtsein hinein in den unbewußten Geist führt, bis schließlich eine tiefgreifende Befreiung erreicht wird. Diese Methode wird die *5 Why*-Methode (Methode der fünf Warum-Fragen) genannt, und wurde von Jeremy Roe mit dem Ziel entwickelt, den verborgenen Ursachen der Dinge auf die Schliche zu kommen. Ich habe herausgefunden, daß sich die Übung so lange fortsetzen läßt, bis man einen Zustand der Freude erreicht. Das Wiederholen der Warum-Fragen ist so effektiv, daß man mit ihrer Hilfe durch jede einzelne vorhandene Schicht hindurchgehen kann. Wenn man das Warum allmählich besser versteht, fällt dadurch die jeweils vorhergehende, mehr oberflächliche Schicht weg. Selbst wenn eine frühere Antwort auf eine Warum-Frage erneut auftaucht, gehört diese Antwort dann einer neuen Ebene an und hat neue Tiefe im Vergleich zur jener vorangegangenen Warum-Frage, auf die du dieselbe Antwort gegeben hast. Viele Menschen sagen, sie hätten den Eindruck, daß sie sich dank dieses Prozesses viele Jahre der Arbeit, der Probleme und des Leids erspart haben.

Übung

*Du kannst diese Übung mit Papier und Bleistift, einem Kasset-
tenrecorder oder mit einem befreundeten Menschen durch-
führen.*

*Frage dich, warum du dieses Problem hast, oder falls dir ein
Freund bei der Übung hilft, lasse ihn diese Frage stellen. Nimm
als Antwort den ersten Gedanken, der dir in den Sinn kommt.
Wiederhole die Frage und schreibe jedesmal die Antwort auf,
oder sprich sie auf Band. Wenn du dir schließlich fünfmal die
Frage nach dem Warum gestellt hast, dann verwende die letzte
Antwort, um wiederum nach dem Warum dieser fünften Antwort
zu fragen und einen neuen Fragenzyklus zu beginnen.*

Ein Beispiel:
„Warum habe ich diese Erkrankung?" „Ich bin alles so leid."
„Warum habe ich diese Erkrankung?" „Ich bin so müde."
*„Warum habe ich diese Erkrankung?" „Ich muß mal aus-
                                              spannen."*
„Warum habe ich diese Erkrankung?" „Mir ist so langweilig."
*„Warum habe ich diese Erkrankung?" „Ich komme einfach
                                              nicht weiter."*

*Nimm dann die fünfte Antwort, um einen neuen Fragenzyklus
zu beginnen:*
*„Warum komme ich einfach nicht weiter?" „Ich kenne den
                                              Weg nicht."*
*„Warum komme ich einfach nicht weiter?" „Ich habe Angst,
                                              den Weg zu finden."*
*„Warum komme ich einfach nicht weiter?" „Ich will den Weg
                                              nicht finden."*
*„Warum komme ich einfach nicht weiter?" „Ich habe über-
                                              haupt keine Lust, den Weg zu finden."*

„Warum komme ich einfach nicht weiter?" „Ich möchte meinen Eltern nicht die Befriedigung gönnen, zu erfahren, daß ich den Weg gefunden habe."

Verwende auch hier wieder die fünfte Antwort, um einen neuen Zyklus von Warum-Fragen zu beginnen.

Setze die Übung so lange fort, bis du dich rundum glücklich fühlst.

Du kannst aber auch einfach darum bitten beziehungsweise dafür beten, daß du das nötige Verständnis findest, das dein Problem lösen und dich von ihm befreien würde. Verstehen bedeutet, daß du erkennst, welcher Prozeß an deinem Problem beteiligt ist und wie du mit Leichtigkeit durch ihn hindurchgehen kannst.

23. Schritt

Der Ruf nach Wandlung

Jedes Problem heißt auch, daß wir Angst vor Wandlung haben und sie verweigern. Probleme sind ein Weckruf und eine ganz entscheidende Lektion, die dir beibringen will, daß dein momentaner Zustand und der Ort, an dem du dich befindest, dich auf Dauer nicht aufrecht halten werden, daß dies noch nicht alles ist und größerer Erfolg vor dir liegt. Es ist an der Zeit, alle Verhaftungen loszulassen, die dich bisher aufgehalten haben, damit du deine Reise fortsetzen kannst. Jede Erfahrung eines Verlustes ist vor allem ein Ruf nach einer Neugeburt. Sie läßt dich wissen, daß das, worauf du dich bisher verlassen hast, nicht wirklich deine Antwort ist; jetzt ist mehr gefragt. Dies ist der richtige Zeitpunkt, um loszulassen, damit die Kraft wieder zu dir zurückkehren kann, und du wirst daran erinnert, mehr auf deine eigene Höhere Macht zu vertrauen als auf irgend etwas oder irgend jemanden außerhalb von dir.

In deiner Wandlung liegt deine Heilung. Wenn du da bleibst, wo du jetzt bist, dann fängst an, dich in Richtung Stagnation beziehungsweise Tod zu orientieren. Wenn du so weitermachst wie bisher, dann wirst du einfach nur mehr von dem bekommen, was du bereits hast, und aus diesem Grunde ist hier eine Transformation gefragt. Das Problem will dir sagen, daß du es von da aus, wo du jetzt bist, nicht schaffen kannst, und darum besteht die einzige Lösung in Wandlung. Deine eigene Bereitschaft zur Wandlung macht es möglich, daß die Wandlung in dir und um dich herum in Gang kommen kann. Deine Bereitschaft zur Wandlung sagt „ja!" zum Leben. Sie ermöglicht eine Umwandlung der Situation und führt dich auf eine neue Ebene. Heute wird dich deine Bereitwilligkeit ganz leicht und natürlich verändern, und das Ausmaß des Problems wird dir das Ausmaß der angebotenen Wandlung spiegeln.

Übung

Stelle dir vor, daß du an einer Kreuzung stehst. Du hast die Wahl, dem Wegweiser zu folgen, der dir den Weg nach vorn in eine völlig neue Richtung zeigt. Der andere Weg führt dich so lange im Kreis herum, bis du wieder an dieselbe Kreuzung gelangst. Wer einen neuen Weg gehen will, ist aufgerufen, Führung zu übernehmen, eine neue Wahl zu treffen und den neuen Weg einzuschlagen. Wenn du „ja" zu dieser neuen Richtung sagst, „ja" zum Leben und „ja" zu deinem Höheren Bewußtsein, dann kann es sein, daß eine Zeitlang alles auseinanderzubrechen scheint. Es ist wichtig, daß du immer daran denkst, daß es sich hierbei einfach nur um den Geburtsvorgang handelt, der erforderlich ist, um den Wandel zu vervollständigen. Höre an diesem Punkt nicht auf, sondern vertraue dem Prozeß, und du wirst weiter durch diesen Ort hindurchgehen, bis du eine völlig neue Ebene deines Lebens erreichst.

24. Schritt

Die Aufopferung opfern

*J*edes Problem ist das Ergebnis eines Sabotageaktes, der durch Aufopferung zustande kommt. Wenn du dich in hohem Maße aufopferst, kannst du nicht einmal den Gedanken an eine weitere Erfolgsebene ertragen, da mehr Erfolg für dich nur noch mehr Aufopferung bedeuten würde. Aufopferung ist eine Art „Verlierer-Gewinner"-Verhalten, denn obwohl du zu geben scheinst, hältst du dich selbst zurück, da es sich hier nur um ein scheinbares Geben handelt. Ohne wahrhaftes Geben gibt es für dich kein Empfangen, keine Erneuerung, keine Erquickung und erst recht keine Hoffnung auf langfristige Erfolge. Aufopferung ist ein Weg, sich zum Märtyrer zu machen, und das hat auch etwas von einem tragischen Helden. Doch da es sich um eine Rolle handelt, um ein Imitationsverhalten, das wahres Geben lediglich nachahmt, kann es auch keine vollständige Befriedigung, Heilung oder Rettung bringen. Laut *Ein Kurs in Wundern* hat Christus das letzte Opfer dargebracht, damit niemals mehr ein Mensch ein Opfer bringen muß. Doch wie so viele Anhänger großer Meister haben seine Jünger die Botschaft falsch interpretiert und beschlossen, es ihm nachzutun. Wenn du dich aufopferst, werden dadurch auch deine Lieben aufgerufen, sich genauso aufzuopfern, wie du es tust. Da auch sie dich liebhaben, folgen sie deinen Fußstapfen. Aufopferung ist eine psychologische Falle.

Aufopferung baut auf Schuld, Unwürdigkeit und Wertlosigkeit auf. Sie leugnet, daß du es verdienst, gleichzeitig mit allen anderen Menschen zu gewinnen. Aufopferung ist eigentlich berechnend, da sie jetzt verliert, um später zu gewinnen. Sie hat Angst vor Gleichberechtigung und menschlicher Nähe und stellt sich entweder über oder unter denjenigen, für den sie sich aufopfert. Dein Problem ist eine Form der Aufopferung. Es ist eine Rolle, die du spielst, um dich vor altem, nicht verarbeitetem Schmerz zu schützen, ein Abwehrmechanismus, der dich davor bewahren soll, mit einem Verlust der Vergangenheit in Berührung zu kommen, dessen Trauerprozeß niemals abgeschlossen wurde. Eine solche Verhaltensweise ist wenig erfolgversprechend und als Lebensmuster wird sie dir erst recht keinen Erfolg bringen.

Wo wir bisher in Aufopferung gehandelt haben, dort könnten wir jetzt in Gnade handeln. Jetzt ist es an der Zeit, die Aufopferung – diese fast perfekte Fälschung der Liebe – als Opfer darzubringen. Aufopferung führt niemals zum Erfolg. Sie setzt immer deinen eigenen Selbstwert und den der anderen herab. Es ist immer ein Geben aus einer Rückzugsposition heraus, die es dir unmöglich macht, dich selbst zu geben. Entscheide dich heute für menschliche Nähe, inneres Gleichgewicht und Erfolg und wähle jenes eng mit dem Empfangen verbundene Geben, das „Gewinner-Gewinner"-Situationen entstehen läßt.

Übung

Stelle dir vor, du könntest in die Zeit zurückschweben, in der deine Aufopferung begann.

Angenommen, du wüßtest die Antwort ...

Wie alt warst du?

Wer war bei dir?

Welches Ereignis hat bei dir das Gefühl hervorgerufen, du müßtest dich aufopfern?

Triff mit Hilfe deines Höheren Bewußtseins eine neue Entscheidung. Bitte mit Unterstützung deines Höheren Bewußtseins darum, daß alle von der Situation Betroffenen zurück in ihre Mitte gebracht werden, an ihren Ort der Wahrheit und des inneren Gleichgewichts. Stelle dir mit Hilfe deines Höheren Bewußtseins vor, wie du die Türen zu deinem Herzen und zu deinem Geist öffnest und jetzt genau das gibst, was du dir in jener Situation gewünscht hast, so daß du durch dein Geben befreit wirst und deine Mitmenschen durch dein Empfangen befreit werden.

25. Schritt

Werturteile heilen

*J*edes Problem beruht darauf, daß wir ein Urteil über die Welt gefällt haben. Wenn wir Situationen nicht länger be- oder verurteilen, dann können sie sich entfalten und ihre wahre Bedeutung zeigen, die niemals schmerzhaft ist. *Ein Kurs in Wundern* beschreibt unsere ganze Welt als die Verkörperung unserer Werturteile. Ein Problem draußen in der Welt ist die Projektion einer Selbstverurteilung oder eines Problems in unserem Innern. Es hat mit einer Sache zu tun, für die wir uns selbst verurteilt haben, was ein Zeichen von Schuldgefühlen ist. Wenn wir uns unsere Schuldgefühle nicht vergeben oder es vermeiden, ihnen so lange nachzuspüren, bis sie verbrennen und sich in nichts auflösen, dann läßt uns dies in Rückzug und Verleugnung verharren. Wir kompensieren Schuldgefühle durch tugendhaftes Handeln, projizieren sie aber durch Werturteile nach draußen. Ein solches Verhalten hält uns in der Hölle, im Fegefeuer des Problems fest. Wenn wir unsere Werturteile loslassen, dann können wir die Ereignisse und den Sinn, den sie für unser Leben haben, mit größerer Bewußtheit erfassen und besser verstehen.

Ein Problem kann verwandelt werden, wenn sein Zweck verändert wird. Die hinter einem Ereignis stehende Absicht kann in Heilung oder sogar Freude umgewandelt werden und frühere, eher negative und verborgene Ziele ersetzen; das können Ziele sein wie die Aufrechterhaltung von Angst und das Abtragen von Schuld, Rache üben, anderen etwas wegnehmen, die eigenen Bedürfnisse befriedigen, an den eigenen Verhaftungen festhalten, andere besiegen, sich für andere aufopfern, das eigene Gutsein beweisen, rebellieren, sich beschweren, Wutanfälle haben, ein schmerzvolles Drehbuch schreiben oder getrennt bleiben. Der Gedanke, daß uns ein solches negatives Ziel glücklich machen würde, hat aus dem Ereignis statt einer heilsamen und erfreulichen Erfahrung ein Problem gemacht. Jede Erfahrung, die nicht gänzlich geheilt oder rundum erfreulich ist, wird so lange immer wieder auftauchen, bis sie schließlich geheilt wird.

Werturteile schließen dich im Gefängnis deiner eigenen Selbstverurteilung und deiner Verurteilung der äußeren Welt beziehungsweise deiner Projektionen ein. Die Welt mit ihrem Schmerz und ihren Problemen ist nichts anderes als die nach außen gerichtete Projektion unserer Selbstverurteilung, unserer Selbstangriffe und unseres Selbsthasses. Daß wir so handeln, ist bedingt durch unseren Grad der Trennung von anderen Menschen, von der Liebe, von der Freude und von Gott. Das Ausmaß dieser Trennung, dieser abgerissenen Verbindung zur äußeren Welt spiegelt immer eine Verbindung wider, die in unserem Inneren abgebrochen ist.

Übung

Lasse in der betreffenden Situation deine Werturteile los. Dein Urteilen blockiert die Entfaltung der Situation, deine Intuition und die Antwort. Deine Entscheidung für das Loslassen macht es möglich, daß sich das Problem in seinem wahren Licht zeigen kann, das unproblematisch ist.

Schaue dein Problem an, fühle es und höre es. Stelle dir deinen Geist als eine Burg vor und schaue dir in Gedanken dabei zu, wie du in das Burgverlies hinuntersteigst. Wenn du dann unten im Kerker angekommen bist, gehe zu der Tür, die dich zu rufen scheint. Öffne diese Tür und schaue nach, wer in der Zelle eingesperrt ist, die hinter dieser Tür liegt. Finde heraus, wie die betreffende Person heißt, wie alt sie ist und warum sie eingekerkert wurde. Du hast die Wahl, diesen Menschen zu begnadigen oder ihn weiter in deinem Verlies gefangenzuhalten, doch was du ihm antust, das tust du auch dir selbst an.

Frage dich:

„Angenommen, ich wüßte, wann ich mich derart verurteilt habe, dann muß es im Alter von .... Jahren gewesen sein."

„Angenommen, ich wüßte, wer damals bei mir war, dann war es wahrscheinlich ...."

„Wenn ich davon ausgehe, daß ich weiß, welches Ereignis dazu geführt hat, daß ich mich so verurteile, dann verurteile ich mich wahrscheinlich, weil ...."

„Will ich mich weiterhin dafür verurteilen?"

„Will ich dieses Problem weiterhin haben?"

Wenn du dir selbst vergibst und deine Werturteile und deine Selbstverurteilung aufgibst, so wirst du befreit. Wenn du dich dafür entscheidest, dir selbst zu vergeben, dann stelle dir vor, wie der Mensch, der in diesem Kerker eingesperrt war, auf *dich zukommt und dich umarmt. Während er dich umarmt, stelle dir vor, wie er mit all seiner Energie und seinen positiven Eigenschaften mit dir verschmilzt, und dich so gegen das Negative impft.*

26. Schritt

Projektionen heilen

*V*or Jahren stieß ich auf ein ganz grundlegendes, an der Wurzel der Probleme ansetzendes Konzept, das sich in der therapeutischen Arbeit als äußerst hilfreich erweisen sollte. Es handelt sich dabei um das Prinzip der Projektion. Dieses Prinzip besagt, daß die Welt an sich und die Menschen auf dieser Welt ein Spiegelbild unseres Geistes sind. Wenn wir erkennen, daß die Welt eine Projektion ist, so bedeutet dies, daß jede noch so schwierige Situation und jeder Mensch, ganz gleich wie groß seine Probleme sein mögen, am Ende geheilt werden kann, wenn wir die komplexen, manchmal aber auch ganz einfachen geistigen Aspekte heilen können, die sich in der äußeren Welt widerspiegeln beziehungsweise auf sie projiziert werden. Das heißt auch, daß die innere Welt mit der äußeren verbunden ist und daß die äußere Welt ein Spiegelbild unserer inneren Welt darstellt.

Mit diesem therapeutischen Ansatz konnte schon so manches schwerwiegende Problem schnell und leicht gelöst werden. In anderen Fällen ging die Heilung eher langsam und schichtweise vonstatten, und das Vorwärtskommen erfolgte Schritt für Schritt. In manchen Fällen hatten Probleme einfach mit einem Ereignis aus der persönlichen Lebensgeschichte eines Menschen zu tun; dann wiederum ging es um tiefer liegende Themen, in denen sich Familienprobleme widerspiegelten, die über Generationen hinweg weitergegeben wurden, oder es ging um Aspekte, die eher mit dem Kollektivbewußtsein der Menschheit zu tun haben. Immer jedoch war die Heilkraft ganz enorm, in einigen Fällen sogar mit recht spektakulären Ergebnissen.

Projektionen hängen meist mit einem für dich wichtigen Menschen zusammen, der eine bestimmte Eigenschaft oder

Verhaltensweise besitzt, die du für dein Problem verantwortlich machst. Doch das, was du in diesem Menschen siehst, ist etwas, das du nach außen projiziert hast. Wenn wir auf etwas stoßen, das uns an uns selbst mißfällt, dann fühlen wir uns deswegen schuldig und versuchen es zu verbergen. Was wir sehr tief vergraben, das projiziert unser Geist dann anschließend als Werturteile auf die Außenwelt.

Unser Geist kann nur zwei Dinge tun. Entweder Werturteile nach draußen projizieren, was uns die Welt beschert, die wir haben, oder sich in Liebe ausdehnen auf eine Welt, die gütig, wohlwollend, glücklich, freundlich und voller Friede und Fülle ist.

Übung

Frage dich, welche wichtige negative Eigenschaft diese für dich problematische Situation oder der von deinem Problem betroffene Mensch widerspiegelt, und wende dann eine der nachfolgenden Heilungstechniken an.

1. Ziehe die Projektion zurück, indem du überprüfst, ob du diese Eigenschaft ebenfalls besitzt oder ob du sie durch entgegengesetztes, ausgleichendes Handeln verbirgst und verleugnest. Wenn letzteres der Fall ist, dann würdest du wahrscheinlich lieber sterben, als diese Eigenschaft zu besitzen, die du verurteilst. Manchmal werden die Dinge klarer, wenn du dir folgende Fragen stellst:
„Wenn ich davon ausgehe, daß ich weiß, wann ich diese Eigenschaft versteckt habe, dann muß es im Alter von .... gewesen sein."
„Wenn ich davon ausgehe, daß ich weiß, wer damals mit an jener Situation beteiligt war, dann war es wohl ...."
„Was damals geschah und dazu geführt hat, daß ich diese Eigenschaft in mir vergraben habe, war ...."

Anstatt dich dafür zu entscheiden, die betreffende Eigenschaft in jener vergangenen Situation zu vergraben, bitte dein Höheres Bewußtsein, alle Beteiligten zurück in ihre Mitte zu tragen. Unsere Mitte ist ein Ort des Friedens und der Gnade, den wir alle in uns haben und der für uns viel leichter zugänglich ist, wenn wir unser Höheres Bewußtsein darum bitten, uns dorthin zu bringen. Stelle dir dann vor, wie du das Geschenk gibst, das du zu geben gekommen bist und das die von deiner Situation Betroffenen benötigen. Ein solches Geben (und Vergeben) verwandelt das auf deine Niederlage ausgerichtete Denkmuster, das an der Wurzel des Problems angesiedelt war.

2. *Erkenne, in welcher Art und Weise du dich aufgrund dieser Eigenschaft gequält und daraufhin einen Trennungswall zwischen dir und deinen Mitmenschen errichtet hast. Du hast die Wahl, die Qual fortzusetzen („Will ich mich weiterhin quälen?") oder beides, die Qual und den Trennungswall, hinter dir zu lassen („Will ich über das Problem hinausgehen, um der Person / der Situation zu helfen, auf die ich ... projiziert habe und die jetzt meine Hilfe benötigt?"). Wenn du dich dafür entscheidest, über die Qual hinauszugehen, um dem anderen zu helfen, werdet ihr dadurch beide frei.*

Wiederhole diese Übung jeden Tag, bis alle negativen Elemente deines Problems verschwunden sind.

27. Schritt

Die Gnade annehmen

*D*ein Problem beruht darauf, daß du versuchst, alles selbst zu tun, anstatt die Gnade wirken zu lassen, anstatt die Dinge durch dich hindurch vollbringen zu lassen und die Hilfe anzunehmen, die überall um dich herum, über dir und in dir ist. Das Problem ließe sich ganz einfach beheben, doch du willst alles selbst tun. Eigentlich besteht dein Problem genau darin, daß du die Dinge nicht selbst tun kannst. Das Ego erzählt uns, daß wir unsere Aufgabe niemals erfüllen können, daß sie für uns eine Nummer zu groß ist. Du hast tatsächlich eine große Aufgabe, aber sie wird nicht von dir, sondern durch dich vollbracht. Das Ego will alles selbst tun. Wenn wir beginnen, ein Leben in Gnade zu leben, können wir so viel mehr, in so viel weniger Zeit vollbringen.

Nur allzu häufig sind Probleme das Ergebnis *unserer* eigenen Erfolgsplanung, da es sich bei „unserem Plan" in Wirklichkeit um eine ausgleichende Geschäftigkeit handelt, hinter der sich Wertlosigkeit verbirgt. Hinzu kommt, daß wir uns „verrückt machen", sobald Probleme auftreten, und versuchen, einen Ausweg aus der Problemfalle zu finden. Doch es ist genau dieses „Verrücktmachen", das die Intuition abblockt, die uns die Antwort geben könnte. All unser „krampfhaftes Tun" erfordert immer größere Anstrengungen und führt schließlich zu Schwierigkeiten, denn uninspiriertes Handeln kommt von einem Ort außerhalb unseres Zentrums des Friedens, der Gnade und der Schuldlosigkeit. Dies bedeutet, daß wir uns in gewissem Maße aufopfern, und die Aufopferung blockiert nicht nur das Empfangen, sondern macht auch alles viel anstrengender. Unsere Geschäftigkeit, und sogar das Problem selbst, ist ein Versuch zu beweisen, daß wir gut, wertvoll und nützlich sind, und sie dient uns als Deckmantel für unser Gefühl der Wertlosigkeit. Doch trotz all unseres Tuns glauben wir tief in unserem Innern immer noch an unsere eigene Wertlosigkeit und behandeln uns entsprechend. Wenn dies geschieht, dann vergessen wir Gott. Wir vergessen die Gnade. Wir leben, als ob wir alles selbst erledigen müßten.

Übung

Das Gegenmittel zu unserem *eigenen Plan und unserem Alles-selbst-erledigen-Wollen besteht darin, daß wir Gott oder unser Höheres Bewußtsein bitten, uns den Weg zu zeigen. Nimm eine meditative Sitzhaltung ein, gehe in die Stille und bitte darum, daß dir der Weg durch das Problem oder zumindest der nächste Schritt auf diesem Weg gezeigt werde. Du kannst auch um ein Zeichen bitten, welchen Weg du gehen sollst, oder um ein Zeichen, das dir bestätigt, daß du auf dem richtigen Weg bist.*

Außerdem kannst du in jeder schwierigen Situation dein Höheres Bewußtsein bitten, dich in deine Mitte zurückzubringen. Wenn du dich dann ausreichend zentriert fühlst, bitte darum, daß das, was derzeit für dich ansteht, durch dich hindurch geschehen möge, statt von dir getan werden zu müssen. Damit kannst du dir eigentlich dein ganzes Leben erleichtern. Ein ganz wesentlicher Schlüssel zur Meisterschaft liegt darin, aus der Gnade heraus zu leben statt in einem unzentrierten Zustand krampfhaften Tuns. Wenn ein Meister aufgerufen ist, etwas zu tun, so trifft er seine Entscheidungen klaren Geistes und ist sich der Leichtigkeit und des Erfolges des betreffenden Ereignisses bewußt. Was immer zu tun ist, ein Meister läßt es durch sich hindurch vollbringen. So können extrem schmerzhafte, belastende und anstrengende Situationen mit Hilfe der Gnade in Situationen voller Leichtigkeit verwandelt werden, die uns wieder jung werden lassen.

Nimm dir heute, und von jetzt an täglich, einen Moment Zeit und Ruhe, um dich für die Lösung der Situation zu öffnen. Übe heute, alles durch dich vollbringen zu lassen, anstatt es selbst zu tun. Lasse dir von der Gnade zeigen, wie du durch dein Problem hindurchgehen oder es mit Leichtigkeit lösen kannst.

28. Schritt

Selbstangriffe heilen

*J*edes Problem kommt daher, daß wir uns selbst angreifen. Diese Selbstangriffe, eine Funktion unseres Egos, beruhen auf unserem Selbsthaß, den wir in der Regel tief in uns verborgen und verleugnet haben. Nicht genug damit, daß dies zu unseren Problemen führt; wenn ein Problem erst einmal groß genug ist oder der Selbstangriff eine tödliche Ebene erreicht hat, dann suggeriert uns das Ego auch noch, daß wir entweder den Tod verdienen oder uns durch unser Sterben eine Erholungspause von unserem Problem gönnen dürfen. Das alles ist zwar ein Fehler, doch dem Ego nach gibt es gute Gründe für das Sterben. Dazu können Verlassenheitsgefühle ebenso gehören wie unerwiderte Bedürfnisse, ein gebrochenes Herz, Rache, Schuld, Streß, Enttäuschung, Kampf, Ausgebranntsein, Erschöpfung und Erstarrung, „Festgefahrensein", erfahrene Demütigung und verlorene Selbstachtung, unglaublicher körperlicher und seelischer Schmerz, Wertlosigkeit und Sinnlosigkeit. Doch all diese vermeintlichen Gründe sind eigentlich kein guter Grund zum Sterben, sondern ein Anlaß, die Lektion zu lernen, die uns vom Schmerz befreien und zu einer Neugeburt führen könnte. Wofür du dich auch angreifen magst, es ist nicht die Wahrheit.

In jedem Menschen gibt es selbstzerstörerische Bereiche, die geheilt werden können. Häufig greift uns unser Ego dann an, wenn wir *kurz vorher* einen Fehler gemacht haben oder wenn wir *gerade vor* einem ziemlich großen Durchbruch stehen. Doch seinen gemeinsten Angriff spart es sich für den Moment auf, in dem es so aussieht, als würden wir vor einem wahrhaft großen Durchbruch und unserer Verwirklichung als geliebte und liebende Wesen stehen. Diese Art des Angriffs kommt oft kurz nachdem wir Schuld und Schmerz durchbrochen, die Identifikation mit dem Körper losgelassen oder unsere Angst vor der Liebe und davor, „alles zu haben", aufgegeben haben.

Übung

Jeder negative Gedanke, den wir haben, ist ein Angriff auf uns selbst, der die Angst verstärkt. Gib dir heute das verbindliche Versprechen, deine Selbstangriffe aufzugeben, um die Welt zu retten. Eine der schönsten Textstellen in Ein Kurs in Wundern *besagt, daß durch deine Bereitwilligkeit, deinen Selbstangriff auch nur einen einzigen Moment lang aufzugeben, die Gnade hindurchkommen und so die ganze Welt heilen würde.*

Wenn du einem Menschen helfen willst, wirst du das Messer aus der Hand legen müssen, das du dazu benutzt hast, um dir selbst ins Herz zu stechen. Wenn du erst einmal dieses Messer weggelegt hast, wirst du auch in der Lage sein, andere davon abzuhalten, dasselbe zu tun; wenn du dich jedoch weiterhin angreifst, wird die Welt weiterleiden und sich weiterhin für den Tod entscheiden. Für all deine Lieben, und dazu gehören auch deine Kinder und alle Kinder dieser Welt, triff heute die Wahl, dieses Messer aus der Hand zu legen. Du könntest der Welt kein besseres Geschenk und keinen besseren Segen zuteil werden lassen.

Eine ganz wichtige Methode, um allmählich über die Identifikation mit dem Ego und unseren Selbstangriffen hinauszugehen, besteht darin, daß wir das Problem in die Hände unseres Höheren Bewußtseins legen, daß wir es jenem kreativen Teil in uns übergeben, der alle Antworten bereithält. In Wahrheit besteht unser Geist nur aus zwei Teilen, dem Höheren Bewußtsein mit seiner leisen Stimme und dem Ego mit seinem lauten Stimmengewirr. Jeder Gedanke, der nicht voller Freude ist, der keine Heilung bringt oder der nicht die herabkommende Antwort enthält, wird vom Ego erzeugt.

Verwende die folgende Affirmation als Hilfe auf deinem Weg nach vorn:

„Ich lege dieses Problem in die Hände meines Höheren Bewußtseins. Ich lege meine Zukunft in die Hände meines

Höheren Bewußtseins. Ich gebe den Plan und die falsche Entscheidung auf, die mich an diesen Ort geführt haben. Ich vergebe mir und werde nicht zulassen, daß meine Schuld oder Angst der Antwort im Weg steht, sondern ich werde alles meinem Höheren Bewußtsein überlassen. Ich öffne mich jetzt für die Antwort, da ich dieses Problem nicht länger haben möchte. Ich segne mich und alle an der Situation beteiligten Menschen, damit wir gemeinsam voranschreiten können."

29. Schritt

Den Rebellen heilen

Jedes Problem enthält auch Elemente eines Autoritätskonfliktes. Wir greifen jemanden an, weil er nicht unseren Vorstellungen von einer Führungspersönlichkeit entspricht, oder weil er uns nicht in der Art und Weise nachfolgt, wie wir es gerne hätten (das zeigt auf einer bestimmten Ebene auch, wie wir uns als Anhänger anderer verhalten). Wenn wir Angst vor der Freiheit und der ihr von Natur aus innewohnenden Autorität haben, dann werden wir Autoritätspersonen angreifen, weil wir glauben, daß sie uns zurückhalten, und nicht erkennen, daß unsere Angst die eigentliche Blockade darstellt. Wir wollen die Dinge auf unsere Art und Weise tun („Mein Weg ist der einzig wahre!" oder: „Alle sollen gefälligst nach meiner Fasson selig werden!).

In der Aufopferung opferst du dich für die Gesellschaft auf. Wenn du rebellierst, steckst du genauso in der Falle, aber du bekämpfst die Gesellschaft und erledigst die Dinge auf *deine* Art. Das Gegenteil dazu wäre, Führung zu übernehmen, und das würde bedeuten, daß du alles auf eine für alle Beteiligten zufriedenstellende Art und Weise tust. Du kämpfst nicht einfach *gegen* jemanden, sondern folgst einem Pfad, auf dem du der Gesellschaft vorangehen könntest. Führung zu übernehmen bedeutet nicht, alle zu tragen. Wahre Führungskraft besteht darin, einen Weg hindurch zu finden und es dir dabei auch noch gutgehen zu lassen. Sie hat damit zu tun, daß du selbst das Leben genießt und anderen dabei hilfst, ebenfalls Freude zu haben. Es geht darum, ein *ganz* großes Spiel zu spielen, bei dem am Ende alle gewinnen können.

Ich habe in all den Jahren meiner Arbeit mit *Ein Kurs in Wundern* vieles erkennen und herausfinden können, was für die Richtigkeit des folgenden Prinzips spricht:

Ganz tief in unserem Geist sind wir uns dessen bewußt, daß wir unseren Schmerz als einen Angriff auf Gott wählen. Wir tun dies, weil wir denken, Gott wolle, daß wir das opfern, was wir wertschätzen, um ihm dadurch unseren Gehorsam und unsere Treue zu erweisen. Doch die Spielereien, die wir zu verlieren fürchten, wie Geld, Macht, Ruhm, Erfolg, Sex und materieller Besitz, sind in Gottes Augen einfach nur Illusionen. Wir benutzen sie normalerweise, um uns von Gott zu trennen, der kein Interesse daran hat, uns dieses Spielzeug wegzunehmen oder uns etwas zu nehmen, wovon wir glauben, daß es für unser Glück entscheidend sei. Gott will einfach nicht, daß wir uns mit diesen Dingen verletzen oder glauben, sie wären unsere Erlösung. Soweit ich das beurteilen kann, stellt der Archetyp des Rebellen den letzten großen Archetypen dar, der zwischen uns und der Erleuchtung, der Erkenntnis unseres Einsseins steht. Und es ist der Rebell, der getrennt bleiben will, der seinen eigenen Plan zum Glück hat und Gott bekämpfen will. Außerdem will der Rebell Gott die Schuld für das zuschieben, was auf der Welt passiert, damit er Ihn von Seinem Himmelsthron hinunterstoßen und selbst diesen Platz einnehmen kann oder zumindest die Dinge auf seine Weise – die „richtige" Art und Weise – tun kann.

Obwohl diese Gedanken und Gefühle in ganz tiefen Regionen unseres Geistes ablaufen, zieht sich ihr Einfluß doch durch unser ganzes Leben. Genau parallel dazu findet sich eine Thematik, eine Dynamik von Schlüsselbedeutung, auf die ich in vielen Kindheitsträumen gestoßen bin, nämlich die Unabhängigkeit, die es Kindern erlaubt, nicht länger auf ihre Eltern hören zu müssen, da sie sich von ihnen im Stich gelassen fühlen.

110

Übung

Gib die Rebellion auf, um die Wahrheit zu finden und damit auch den Kampf gegen dich selbst, gegen deinen eigenen Willen und gegen den Willen des Himmels zu beenden.

„Heute ist ein Tag, an dem ich aufgefordert bin, mich der Liebe und der Gnade hinzugeben, die von anderen Menschen und von Gott zu mir kommen und mich umgeben. Heute ist ein Tag, an dem ich gelobe, Hilfe von meinen Mitmenschen anzunehmen. Ich öffne mich heute für Führung, Liebe und Unterstützung. Ich will meine Umwelt heute so sehen und hören, als spräche sie mit der Stimme meines Höheren Bewußtseins, das mir Hilfe, Weisung und Liebe zuteil werden läßt. Heute will ich dies in Dankbarkeit empfangen und annehmen."

30. Schritt

Ein Wunder wählen
und um ein Wunder bitten

*A*lles, was ich von Wundern weiß, stammt als Denkmodell aus *Ein Kurs in Wundern* und beruht zudem auf meiner eigenen Erfahrung. Ein Wunder setzt die Gesetze von Raum und Zeit außer Kraft. Wunder sind unser natürliches Erbe. Als Kinder Gottes können wir Wunder als Gaben der Liebe und Zeichen einer höheren Ordnung der Wirklichkeit erbitten, die mehr Liebe, Verbundenheit und Vergebung bringen. Wenn wir uns für Wunder öffnen, lassen wir Werturteile und Selbstangriffe lange genug los, um der Gnade und der Wahrheit die Schaffung einer höheren Ordnung zu ermöglichen. Ein Wunder trägt uns aus scheinbar unmöglichen Situationen heraus, was sich nicht nur auf uns selbst und die anderen auswirkt, die von unserer Lage betroffen sind, sondern auch auf viele Menschen weltweit, denen es ähnlich gehen mag wie uns und die sich vielleicht in einer ähnlichen Situation befinden.

Ein Wunder führt uns weg von unserer gegenwärtigen Wahrnehmung und bewirkt die Wiedereinsetzung des Spirituellen als ursprüngliche Realität. Es kommt durch die Liebe Gottes zu uns und geht durch uns hinaus zu den Menschen, kraft unserer Liebe zu ihnen. Es überwindet die Furcht vor Verantwortung, die uns normalerweise in einer Realität niedrigerer Ordnung gefangenhält. Es zeigt uns, daß die Tür zu unserem Gefängnis offensteht und die Freiheit auf uns wartet. Es beseitigt Werturteile, Klagen, Schuld und Selbstangriffe und läßt die Liebe in der Welt aufleuchten.

Da Wunder nicht von uns selbst vollbracht werden, lassen sie uns auf ganz natürliche Art und Weise wieder zu unserem Einssein mit Gott dem Vater zurückfinden, der uns als Seine

Kinder liebt. Bei Problemen gibt es keine Rangordnung der Schwierigkeit und damit kein Problem, das zu groß oder zu klein wäre, um durch ein Wunder gelöst zu werden.

Ein Wunder ist eines der besten Geschenke, das du dir oder einem anderen Menschen machen kannst. Es ruft die Wahrheit an und erlaubt dir, dich auf ganz leichte Art und Weise in Richtung größerer Wahrheit zu verändern.

Übung

Bitte heute abend kurz vor dem Einschlafen und morgen früh gleich nach dem Aufwachen für dich oder deine Freunde um ein Wunder und entscheide dich dafür. Jedesmal, wenn dir dein Problem in den Sinn kommt, wähle statt dessen ein Wunder.

Lasse die Liebe die Angst besiegen und dich in deinem Leben emporheben.

Seminare mit Lency und Chuck Spezzano

Psychology of Vision-Seminare sind verdichtete Lebenserfahrung. Sie sind eine Gelegenheit, die vielen Facetten unserer Persönlichkeit zu erkunden und die praktischen Schritte zu erlernen, die uns von dort, wo wir jetzt sind, zum lebendigen Ausdruck des vollen menschlichen Potentials führen. Jedes Seminar ist ein einzigartiges Erlebnis, eine Entdeckungsreise in dieWelt des Bewußtseins.

An *Psychology of Vision*-Seminaren treffen sich Menschen jeden Alters, aus vielen Ländern, mit verschiedenstem beruflichen und persönlichen Hintergrund, alleinstehende Frauen und Männer (rund die Häfte der Teilnehmer sind Männer), Paare, ja sogar ganze Familien. Was alle verbindet, ist die Bereitschaft, sich für Veränderungen zu öffnen, um mehr Lebendigkeit, mehr Erfolg, liebevollere Beziehungen in ihrem Leben zu verwirklichen.

Als Team und Ehepaar verbinden sich in Chuck und Lency Spezzano zwei außergewöhnliche Persönlichkeiten zu einer Intensität, die tiefgreifende Veränderungen in den Menschen auszulösen vermag, und zwar auf allen Ebenen menschlichen Seins: spirituell, psychisch-emotionell, körperlich.

Information: Psychology of Vision,
Schweiz, Deutschland, Österreich

Postfach 7920
CH-3001 Bern
Tel.:   0 31 9 72 55 55
Fax: 0 31 9 72 55 77

Karten der Erkenntnis
auf dem Weg nach innen

Das Buch der Erkenntnis
Chuck Spezzano

48 künstlerisch gestaltete Karten, Buch: 144 Seiten – ISBN 3-928632-32-9

Wollen Sie mehr Selbsterkenntnis gewinnen, persönliche Ziele und verborgene Wünsche erkennen, die Beziehungen im Privat- und Berufsleben verbessern, Ursachen für Probleme herausfinden und auflösen, Hindernisse auf dem Weg nach innen beseitigen? Dann sind die Karten der Erkenntnis und deren Erklärung eine große Hilfe. Sie sind einfach zu benutzen, hilfreich und inspirierend. Ganz gleich, ob Sie „sofortige Antworten" auf alltägliche Fragen oder langfristige Lösungen für die großen Herausforderungen des Lebens suchen, es wird Ihnen und Ihren Freunden helfen, positive Entscheidungen zu fällen und Veränderungen für eine bessere Zukunft herbeizuführen. Im beiliegenden Buch der Erkenntnis findet der Leser den Schlüssel zum Verständnis und zur Verwendung der Erkenntnis-Karten. Chuck Spezzano erläutert im einzelnen die Bedeutung aller 48 Karten und erklärt eine Vielzahl von Möglichkeiten, mit ihnen zu arbeiten und sie zu deuten. Außerdem werden über zehn verschiedene Legesysteme beschrieben.

Gib den Weg frei für die Liebe
Leitfaden zum Öffnen deines Herzens

Lency Spezzano

168 Seiten, gebunden – ISBN 3-928632-19-1

Ist es Ihr Herzenswunsch, die Zärtlichkeit, die Schönheit und die Faszination einer großen Liebe zu erfahren? Ist Ihnen die natürliche Fähigkeit verlorengegangen, Gefühle wirklich zu empfinden und Vertrautheit zu erleben? Wenn dies zutrifft, ist dieses Buch eine Antwort auf Ihren Hilferuf! Es ist ein Erlebnis, das Ihr Herz bewegen wird und Sie in einer Weise berühren wird, wie Sie es vorher nur selten erfahren haben.

Daß wir alle eine unauslöschliche Sehnsucht nach der Einheit der Liebe haben, beschreibt Lency Spezzano in spannenden und innerlich berührenden Erlebnissen, die aus ihrer eigenen lebendigen Lebenserfahrung und ihren ans Wunder grenzenden Heilerfolgen, ihrer Therapie- und Beratertätigkeit entstanden sind. In der tiefgreifenden Seelenanalyse des menschlichen Wesens durchbricht die Verfasserin die Masken und Rollen, die sich der Mensch als vermeintlichen Selbstschutz angelegt hat.

Durchs Herz zur Seele
Vom alten Paradigma ins Neue

Margret Rueffler

136 Seiten, gebunden – ISBN 3-928632-34-5

Was ist das Neue, das uns erwartet? Wie sieht die neue Realität aus?
Durchs Herz zur Seele vermittelt eine neue innere Haltung, die von unserer alten, begrenzenden Lebensweise zu neuen Werten und damit zu einer neuen Lebenseinstellung führt. Diese neue Sicht erlaubt es, die Seele, „das Selbst", als spirituelle Mitte des Menschen und seiner Persönlichkeit zu würdigen und ihr in der Psychologie den ihr gebührenden Platz wieder einzuräumen. Dieses Buch ist für alle diejenigen geschrieben, die eine neue Psychologie suchen und am eigenen Wachstum durch Selbsterfahrung interessiert sind. Durch sorgfältig aufeinander aufgebaute Übungen mit begleitenden Beschreibungen der Erfahrungen von ÜbungsteilnehmerInnen werden die neuen psychologischen Prinzipien dargestellt. Der/die LeserIn wird liebevoll zum Entfalten der eigenen Herzensqualitäten angeregt. Dies führt zum Erkennen des „Ich bin ein Selbst" als Wesensmitte und zum Erleben des unermeßlichen Potentials des Menschen. *Durchs Herz zur Seele* vermittelt die Werkzeuge, die alten Glaubensmuster, die unsere Lebensqualität bestimmen und uns an die Angst binden, wahrzunehmen, sich ihnen liebevoll zuzuwenden und sie gehen zu lassen. Dadurch kann ein neuer Bewußtseinszustand entstehen und die Erkenntnis wachsen, daß wir in Liebe gehalten sind.

Denke dich gesund
Die Überwindung krankmachender Denkmuster
Adalbert Töpper

128 Seiten, gebunden – ISBN 3-928632-36-1

Die Grundeinsichten und Weisungen in diesem Buch gehen auf die Heilungsprinzipien des großen Heilers Frederick Bailes zurück. Bei seinen Göttlichen Heilungen brauchte er nur die kranken Menschen zu einer freien Entscheidung zu führen, die kranken Denkstrukturen loszulassen und das Bewußtsein für das Wirken der göttlichen Heilkraft zu öffnen. Bailes erlebte, wie die konstruktive Nutzung des kreativen, kosmischen, göttlichen Gesetzes nicht nur Krankheiten heilte, sondern zerrüttete Familien wieder vereinigte, schwer erziehbare Kinder besänftigte und Süchtige von ihren Leiden befreite. In *„Denke dich gesund"* vertieft der Verfasser den geistigen Mechanismus von Bailes unvergleichlicher Heilweise. Er macht bewußt, daß eine intensive Kooperation mit dem Göttlichen angesichts der zunehmenden Krankheitsproblematik und der sich anhäufenden Schwierigkeiten in Staat und Gesellschaft dringend notwendig ist. Das Buch schafft einen Einblick in den geistigen Mechanismus, der durch die Vorherrschaft destruktiver Gedankenmuster in Gang gesetzt wird und schließlich zu Krankheiten führt. Es vermittelt die Erkenntnis, daß Gott als die unendliche Liebe und Intelligenz in unserem Bewußtsein denkend tätig werden und dabei perfekte Gedanken in sichtbare Realität umsetzen kann.

Das Enneagramm der Gesellschaft
Die Übel der Welt, das Übel der Seele.
Claudio Naranjo

168 Seiten, gebunden, 10 Zeichnungen – ISBN 3-928632-37-X

Das Wissen um die Tiefenstrukturen der Seele mit Hilfe des Enneagramms führt zur Erkenntnis des eigenen Charakters mit seinen Stärken, Schwächen und verborgenen Potentialen. In diesem Buch weist Claudio Naranjo – Arzt, Psychiater, weltbekannter Bewußtseinsforscher und Therapeut – nach, daß die Mißstände der Welt in den Übeln unserer Seele begründet liegen.

Es werden dabei folgende Themen behandelt:
- Das Enneagramm als Landkarte der Übel, Sünden und grundlegenden Leidenschaften in der individuellen Psyche sowie die Beziehungen zwischen diesen Übeln und den Krankheiten der Seele.
- Eine detaillierte Beschreibung der Störungen der Persönlichkeit oder Charakterneurosen, die sich aus jeder einzelnen dieser Übel oder krankhafter Zustände ableiten lassen.
- Eine Diskussion der Verwirrungen der Liebe, die jedem einzelnen dieser menschlichen Charaktere des Enneagramms zu eigen sind.
- Eine Betrachtung eines möglichen „Enneagramms der Gesellschaft" als eine kurze sozialkritische Abhandlung aus der Perspektive der psychischen Krankheiten des individuellen Charakters.

Öffne dich dem Trost
Meditationen und Mandalas für die Trauerzeit
Angelika und Michael Kuhn

48 Seiten, 22 vierfarbige Mandalas, gebunden – ISBN 3-928632-35-3

Dieses Buch wendet sich mit meditativen Texten und wunderschönen Aquarell-Mandalas an Menschen, die sich von einer geliebten Person an der Schwelle des Todes verabschieden und dann ihren schmerzlichen Verlust verkraften müssen. Menschen, die sich dem Gedanken aufgeschlossen haben, daß das Sterben nicht nur Teil des Lebens, sondern dessen spiritueller Höhepunkt ist, können im bewußten Erleben von Abschied und Trauer ein großes eigenes spirituelles Wachstum erfahren. Eine meditative Versenkung in die Texte ermöglicht das „Loslassen" und stellt eine innere Offenheit her, in der der Trost als Geschenk empfangen werden kann. Jeder Text bringt eine andere Saite der Abschiedsgefühle zum Schwingen, und zu jedem gibt es ein Mandala, das ebenso zur Meditation einlädt.

Selbsterkenntnis und Heilung

Die Auflösung der emotionalen Energieblockaden

Jordan P. Weiss

240 Seiten, gebunden, 21 Zeichnungen – ISBN 3-928632-28-0

Die in diesem Buch dargestellte Methode „Psychoenergetics" wurde von Dr. Jordan Weiss entwickelt, einem Spezialisten auf den Gebieten Streßbewältigung, Verhaltensmedizin, Personaler Transformation und chronischer Erkrankungen. Diese Methode schafft Zugang zu dem unbewußten Selbst und läßt Sie verborgene, falsche Denk- und Verhaltensmuster entdecken und auflösen, die Sie daran hindern, alle positiven Möglichkeiten des Lebens auszuschöpfen und ein glückliches Dasein zu führen.
Mit den Methoden der „Psychoenergetics" können Sie folgendes erlernen:
Ärger, Angst und Unsicherheit freizusetzen; Blockaden zu entdecken, die Sie am Erreichen Ihrer Ziele hindern; Selbstsabotage zu eliminieren; sich von Schmerzen zu befreien; Schmerzen bei Menschen zu lindern, die Sie lieben; Liebe und Glück zu empfangen und negative Energien aufzulösen. Sie können Ihr Leben dauerhaft verändern. Es ist zu kurz, um die Lektüre dieses Buches noch einen einzigen Tag aufzuschieben!

Der Weg durch den Sturm

Weltarbeit im Konfliktfeld der Zeitgeister

Arnold Mindell

248 Seiten, gebunden – ISBN 3-928632-29-9

Wie sollen wir Menschen an der Schwelle zum dritten Jahrtausend unsere gigantischen Probleme lösen? Ausgehend von seinen Erfahrungen in der psychotherapeutischen und supervisorischen Arbeit mit Einzelnen und Gruppen in vielen Teilen der Welt hat Mindell Ansätze für eine Methode entwickelt, welche Lösungen nicht von außen überstülpt, sondern Gruppen und Großgruppen dabei unterstützt, sich selbst kennenzulernen und bisher unterdrückte oder übersehene Teile als Ressourcen für den Umgang mit ihren Schwierigkeiten und zur Entwicklung von Gemeinschaft zu nutzen.
Wie können Betroffene dabei unterstützt werden, aus ihrem Prozeß und ihrem jeweiligen Feld heraus Zugang zu den eigenen Potentialen von Führungskraft und Weisheit zu finden? Dieses Buch schildert Schritte auf dem steinigen Weg der Suche nach einer neuen „Weltarbeit", welche Erkenntnisse aus der Psychologie, den modernen Naturwissenschaften und den alten spirituellen und schamanistischen Traditionen zusammenbringt, um den Herausforderungen unserer Zeit zu begegnen.

Wir sind alle eins

Die Bestätigung der mystischen Erfahrung durch die Vernunft

Anton Neuhäusler

160 Seiten, gebunden – ISBN 3-928632-27-2

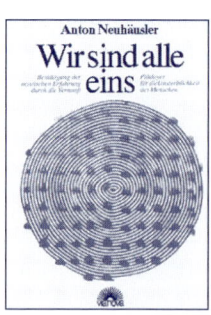

Wie kann man als naturwissenschaftlich geprägter, aufgeklärter, moderner Mensch über Dinge reden, die unser Erkennen übersteigen? Letzte Sinnfragen kann die Wissenschaft nicht beantworten. Doch als nachdenkende Wesen können wir sie nicht verdrängen, wollen und müssen wir darüber reden: Woher kommen wir? Wohin gehen wir? Was kommt nach dem Tod? Was ist der Mensch? Was ist der Kosmos? Das Buch stellt sich diesen Fragen auf einer philosophisch, naturwissenschaftlich und argumentativ anspruchsvollen Ebene. Es sollen die Gesetze der Logik und Vernunft gelten, und das Hinhören auf die eigene Erfahrung. Der Autor und sein Werk zeigen eine Weltanschauung, die gekennzeichnet ist von kritischem Geist und dennoch offen ist für letzte Fragen und Einsichten: Das „Ursein" ist philosophisch begründbar. Es gibt eine kosmische Religiosität ohne Grenzen und Begrenzung. Die Regeln des strengen Denkens bestätigen die von den Mystikern erlebte Wahrheit des Einsseins: „Wir sind alle eins". Es gibt eine Mystik der Vernunft, die re-ligio/Spiritualität/Seinsgeborgenheit des freien, kritischen, liebenden, lust- und lebensvollen Menschen.